Regime jurídico das criptomoedas e *blockchain*

O Laboratório Americano de Estudos Constitucionais Comparados - LAECC procura aprofundar as discussões temáticas comparativas entre os vários sistemas constitucionais americanos. O grupo desenvolve abordagens comparativas em 4 diferentes linhas, procurando cobrir todas as dimensões materiais do constitucionalismo e fomentar a produção científica nos diversos ramos do direito, sempre primando pela abordagem de abrangência interdisciplinar.

Luciana de Paula Soares

Regime jurídico das criptomoedas e *blockchain*

Regime Jurídico das Criptomoedas e Blockchain

Apoio	Moacir Henrique Júnior
	Ricardo Padovini Pleti Ferreira

Concepção	Luciana de Paula Soares
Elaboração, edição e revisão	Luciana de Paula Soares
Projeto gráfico e diagramação	Equipe LAECC

Laboratório Americano de Estudos Constitucionais Comparados
CNPJ/MF nº 33.097.820/0001-00
Rua Johen Carneiro, 377, Uberlândia – MG
CEP 38.400-070
www.laecc.org.br

Dados Internacionais de Catalogação na Publicação (CIP)

S676
2021

Regime jurídico das criptomoedas e blockchain / Luciana de Paula Soares.
Uberlândia: LAECC, 2021.
162 p.

Inclui bibliografia.
Inclui Anexos.
ISBN: 978-65-88563-21-2

1. Direito Digital. 2. Criptoativos. 3. Blockchain. I. Soares, Luciana de Paula.

CDU: 340/CDD: 342.1443

Catalogação na fonte

Uberlândia – UFU.

DANIEL USTÁRROZ

Doutor e Mestre em Direito Civil pela Universidade Federal do Rio Grande do Sul – UFRGS. Professor Adjunto de Direito Civil na Pontifícia Universidade Católica do Rio Grande do Sul – PUCRS.

DIVA JÚLIA SOUSA DA CUNHA SAFE COELHO

Pós-Doutora em Direito Constitucional Comparado pela Universidade Federal de Uberlândia – UFU e Doutora em Ciudadania y Derechos Humanos pela Universidad de Barcelona – UB. Professora da Universidade Federal de Goiás – UFG.

FABIANA ANGÉLICA PINHEIRO CÂMARA

Doutora em História Social pela Universidade Federal de Uberlândia – UFU. Mestre em Gestão Internacional e Desenvolvimento Econômico pela Universidade de Reading – Inglaterra.

FRANCIELLE VIEIRA OLIVEIRA

Doutoranda em Ciências Jurídicas Públicas no âmbito do Doutorado Europeu da Universidade do Minho – Portugal.

FRANCISCO ILÍDIO FERREIRA ROCHA

Doutor em Direito Penal pela Pontifícia Universidade Católica de São Paulo – PUC/SP. Professor do Centro Universitário do Planalto de Araxá – UNIARAXÁ.

GONÇAL MAYOS SOLSONA

Doutor e Mestre em História da Filosofia pela Universitat de Barcelona – UB. Professor Titular na Faculdade de Filosofia da Universitat de Barcelona – UB.

ILTON NORBERTO ROBL FILHO

Doutor e Mestre em Direito pela Universidade Federal do Paraná – UFPR. Professor Adjunto da Faculdade de Direito da UFPR e do Instituto Brasiliense de Direito Público – IDP. Diretor da Academia Brasileira de Direito Constitucional (ABDConst).

JOSÉ CARLOS REMOTTI CARBONELL

Doutor em Direito pela Universitat Autònoma de Barcelona – UAB. Professor da Universitat Autònoma de Barcelona – UAB.

JOSÉ LUIZ DE MOURA FALEIROS JÚNIOR

Mestre em Direito pela Universidade Federal de Uberlândia – UFU. Advogado.

LUCIANA ORANGES CEZARINO

Pós-Doutora pelo Politécnico de Milão – POLIMI. Doutora pela Faculdade de Economia, Administração e Contabilidade da Universidade de São Paulo – FEA/USP. Professora da Universidade Federal de Uberlândia – UFU.

MILLA ALVES BAFFI

Pós-Doutora em Microbiologia de Alimentos pela Universidad de Castilla La Mancha – UCLM.

Doutora em Genética e Bioquímica pela Universidade Federal de Uberlândia – UFU. Professora da Universidade Federal de Uberlândia – UFU.

MOACIR HENRIQUE JÚNIOR
Doutor em Direito e Ciência Política e Mestre em Criminologia e Sociologia Jurídico-Penal pela Universidade de Barcelona – UB. Professor da Universidade do Estado de Minas Gerais – UEMG.

PAULO CÉSAR CORRÊA BORGES
Pós-Doutor em Direito pela Universidade de Sevilla – US. Doutor e Mestre em Direito pela Universidade Estadual Paulista Júlio de Mesquita Filho – UNESP. Professor da Universidade Estadual Paulista Júlio de Mesquita Filho – UNESP Campus Franca.

PAULO ROBERTO DE ALMEIDA
Doutor em História pela Pontifícia Universidade Católica de São Paulo - PUC/SP. Professor da Universidade Federal de Uberlândia – UFU.

RENATO CÉSAR CARDOSO
Pós-Doutor em Filosofia pela Universitat de Barcelona – UB. Doutor em Direito pela Universidade Federal de Minas Gerais – UFMG. Professor da Universidade Federal de Minas Gerais – UFMG.

RICARDO PADOVINI PLETI FERREIRA
Doutor e mestre em Direito Empresarial pela Universidade Federal de Minas Gerais – UFMG. Professor da Universidade Federal de Uberlândia – UFU.

RODRIGO VITORINO SOUZA ALVES
Doutoranto em Direito pela Universidade de Coimbra – UC. Mestre em Direito pela Universidade Federal de Uberlândia – UFU. Professor da Universidade Federal de Uberlândia – UFU.

SAULO PINTO COELHO
Pós-Doutor pela Universitat de Barcelona – UB. Doutor em Direito pela Universidade Federal de Minas Gerais – UFMG. Professor da Universidade Federal de Goiás – UFG.

THIAGO PALUMA
Doutor em Direito Internacional pela Universidad de Valencia. Professor da Universidade Federal de Uberlândia.

VIVIANE SÉLLOS-KNOERR
Pós-Doutora pela Universidade de Coimbra – UC. Doutora em Direito pela Pontifícia Universidade Católica de São Paulo – PUC/SP. Professora do Centro Universitário Curitiba – UniCURITIBA.

WELLINGTON MIGLIARI
Doutor e Mestre em Direito Internacional Público pela Faculdade de Direito, Universitat de Barcelona – UB.

APRESENTAÇÃO

Às leitoras, aos leitores:

Apraz-me apresentar esta obra, fruto da pesquisa da Professora Luciana de Paula Soares, aprovada com distinção na banca de defesa da dissertação. Fica, sem dúvidas, mais fácil redigir palavras introdutórias à um trabalho tão elogiado por doutores que participaram da sua banca de qualificação e de defesa, que deram assim o aval da comunidade científica brasileira para esse trabalho.

A obra sobre criptomoedas e *Blockchain*, é uma obra atual, que acompanha a mudança do mercado financeiro transnacional, um trabalho de fôlego que tem como objetivo central analisar e refletir a respeito da obrigação imposta pela Receita Federal Brasileira aos usuários e *exchanges* de enviar os dados transacionados, regra imposta ao mercado tradicional de câmbio.

Afirma a autora que a competência do Fisco é questionável, em virtude da criação de regras de coleta de dados sem justificativa prévia e legal, faltando desse modo normas especificas e diretrizes governamentais no arcabouço jurídico para amparar as medidas tomadas pela Receita Federal, nesse contexto ainda faz o alerta em sua obra para o compartilhamento de dados não autorizados confrontando o tema por meio da Lei Geral de Proteção de Dados Pessoais.

A investigação realizada tem enfoque transdisciplinar, pois vai além da racionalidade jurídica. A autora buscou trazer um enfoque no desenvolvimento econômico, da tecnologia, da globalização e na visão de mercado financeiro transnacional, além de esmiuçar a questão tributária e financeira.

O trabalho apresenta uma amplitude de temas, a autora teve o cuidado de tratar desde o contexto histórico do surgimento da moeda até os dias atuais com a moeda digital e a criptomoeda, tratando de questões polêmicas sobre o fim ou eternização do *Bitcoin*, trazendo a reflexão sobre o funcionamento do mercado da criptomeda de forma didática. Além de abordar a questão tributária e os desafios apresentados ao se tributar as criptomoedas.

A autora não restringiu sua pesquisa, em seus últimos capítulos trata da importância da necessidade de ser criado um marco regulatório compatível com os avanços tecnológicos financeiros e da necessidade de criar regras rígidas sobre as criptomoedas no mercado de cambio brasileiro.

No contexto vivenciado de transformações econômicas, políticas e sociais fruto da intensificação do processo de globalização, as questões oriundas da revolução tecnológica, devem ser apreciadas no mundo acadêmico, para tratar os problemas hodiernos a fim de dar visibilidade para a temática da fragilidade normativa das criptomoedas do mercado financeiro e da LGPD.

Os temas abordados possuem alto grau de complexidade, ainda em zonas ainda pouco exploradas pelo mundo acadêmico, o que ainda pode causar ambiguidade e vagueza conceitual aos olhos da ciência jurídica.

Em síntese, é um belo trabalho que se transformará em uma referência obrigatória nos estudos que vinculam a criptomoedas e Blockchain, no Brasil e em outras partes do mundo. O leitor, ao final, certamente compartilhará das minhas impressões a respeito dessa brilhante pesquisa.

Brasília, maio de 2021.

Suelen Bianca de Oliveira Sales
Professora e advogada.
prof.suelensales@gmail.com

PREFÁCIO

Este livro se concentra em um problema específico de grande interesse já atual e também com previsível crescimento de importância no futuro: a questão da necessidade e da competência para regulamentar a tecnologia conhecida como *blockchain*, a qual possibilitou a criação das chamadas criptomoedas, por exemplo Ether e *Bitcoin*, entre outras aplicações.

Procurando situar o tema na sociedade da informação, o livro mostra a evolução da moeda e a influência onipresente da tecnologia, representada pela rede mundial de computadores, em todos os setores da vida econômica e financeira, ressaltando o problema do controle e da tributação. Os modelos de controle e tributação mais importantes no mundo contemporâneo são também discutidos, assim como seus efeitos.

Vez que o foco é na realidade brasileira, apesar das interconexões no direito internacional, o trabalho analisa a pretensão da Receita Federal no sentido de assumir essa competência, obrigando os usuários a revelar suas transações financeiras, por meio de uma norma jurídica, vale dizer, a Instrução Normativa 1.888/2019.

Uma questão prática imediata é se mais severidade ou maior número de regras ajudará a manter o controle, sem prejudicar o dinamismo que o mundo atual demanda desse tipo de operações para a economia. Para enfrentar essa questão, o livro traz um glossário e diversos gráficos e relatórios, procurando uma linguagem clara e didática, além de referências bibliográficas e virtuais específicas e atualizadas.

E não se limita a explicar os conceitos e apresentar os problemas que envolvem esse novo campo do direito empresarial, tributário e financeiro, mas assume duas teses: primeira, a de que é necessária a criação de parâmetros legais para controlar essa economia da internet e, segunda, a de que a competência para tanto deve ser do Banco Central e não da Receita Federal.

A alta complexidade do sistema tributário brasileiro, sobretudo por seu caráter caótico e casuístico, propicia conflitos de competência que geram vazios normativos e estimulam antinomias, ensejando por um lado, dúvidas sobre que autoridade deve decidir, e, de outro, uma grande imprevisibilidade e desorganização nas decisões. O que se vê é, como sempre, que o direito precisa acompanhar os desenvolvimentos tecnológicos também em campos sem muito espaço para ideologias. A presente obra pretende contribuir para este progresso.

João Maurício Adeodato

Doutor, Mestre e Livre Docente da Faculdade de Direito da Universi-dade de São Paulo; Professor nas Faculdades de Direito de Vitória e da Universidade Nove de Julho; Ex-Professor Titular da Faculdade de Direito do Recife; Professor Convidado pela Fundação Alexander von Humboldt; pesquisador 1A do CNPq; endereço: jmadeodato@gmail.com.

SOBRE A AUTORA

Luciana de Paula Soares

Advogada, Mestre em Direto e Tecnologia, Pós-Graduada em Direito Difusos e Coletivos, especialista em Direito Digital, palestrante sobre novas tecnologias, sócia de empresa de tecnologia que realiza pagamentos de salários em criptomoedas ao redor do mundo utilizando a tecnologia Blockchain e atuação na área de Proteção de Dados e Privacidade.

INTRODUÇÃO

1. A quebra de paradigma no tradicional mercado financeiro por meio das tecnologias criptomoeda e *Blockchain*

O objetivo do presente livro é traçar um paralelo da Instrução Normativa nº 1.888/19 da Receita Federal do Brasil (RFB), que impôs ao mercado brasileiro de criptomoedas o controle rígido de todas as operações realizadas em território nacional, com as regras vigentes do mercado tradicional de câmbio, definidas pelo Banco Central do Brasil (BC).

A imposição de regras mais severas de controle por um órgão que, a princípio, não tem atribuição legal para requisitar tais informações, gera insegurança aos usuários e as empresas do setor, que temem que seus dados sejam coletados meramente para a realização de algum tipo de "cruzamento" de informações, ou ainda, sirvam como base para compartilhamento de dados indevidos, o que pode violar a Lei Geral de Proteção de Dados Pessoais, bem como interpretações tributárias ou imposição de tributos. Esta situação decorre, somente, devido a lacunas legislativas e a falta de posicionamento governamental sobre o assunto, fazendo com que órgãos, de forma isolada, avoquem para si as diretrizes regulatórias.

Entretanto, no mercado tradicional de câmbio, o qual se assemelha com as operações realizadas pelo setor de criptomoedas, foi constatado que as normativas estabelecidas pelo BC são definidas com clareza e estabelecem limite de valores para controle das operações, acarretando segurança jurídica para o setor e não desconfianças.

Outro aspecto traçado foi delimitar quais são os impostos aplicáveis às operações realizadas no âmbito das criptomoedas, uma vez que as criptomoedas assemelham-se com as funções das moedas tradicionais.

Dessa forma, justifica-se o presente estudo dada a importância das movimentações financeiras que esse mercado representa para a economia. A propositura de regras adequadas é essencial para o seu sadio desenvolvimento e, consequentemente, para a correta aplicação dos tributos.

Ao final, defende-se a tese de que a regulamentação e a fiscalização do mercado de criptomoedas devem ser realizada pelo Banco Central do Brasil, por meio de lei que assim o defina, por entender ser o ente com maior conhecimento técnico para lidar com uma nova espécie de moeda, devendo ocorrer, quando aplicável, um *benchmarking* das normas de câmbio.

De acordo com os objetivos anteriormente traçados, frisa-se que a tecnologia, ao longo dos tempos, foi responsável por mudanças radicais na sociedade, transformando conceitos e criando novas realidades. Neste momento da história, a digitalização atinge a área monetária e, consequentemente, um mercado tradicional, conservador e detentor de grande influência na economia, os bancos.

O desenvolvimento da humanidade é acompanhado pela trajetória do dinheiro. O homem, ao instituir o sistema de troca de mercadoria fez surgir também o dinheiro para mediar essa relação. Durante alguns séculos, o ouro foi escolhido como moeda para circular entre os países, assumindo a função monetária, esse universalismo da moeda trouxe ao mundo o livre comércio, surgindo o padrão-ouro.

Após a Segunda Guerra Mundial as reservas de ouro dos países europeus diminuíram consideravelmente e um pacote de medidas, denominado Sistema *Bretton Woods*, foi apresentado para nortear a economia mundial, estabelecendo a paridade dólar-ouro. No início da década de 70 esse sistema entrou em colapso e a conversão foi suspensa, momento no qual as moedas nacionais se tornaram, literalmente, fiduciárias e inconversíveis. Nesse contexto, moeda fiduciária é qualquer moeda legal designada e emitida por uma autoridade central, o Estado, e a confiança é um elemento crucial desse sistema.

Com os avanços tecnológicos, surge a *Internet* e na década de 90 seu alcance atinge a população mundial, tornando-se uma das grandes evoluções da modernidade que revolucionou, sobretudo, a forma de comunicação, impulsionando também a globalização e o comércio.

As transações on-line, até o ano de 2008, sempre exigiram um terceiro intermediário de confiança para sua concretização, mas esse cenário foi alterado quando Satoshi Nakamoto, num fórum aberto de tecnologia, anunciou a criação de uma nova moeda digital e descentralizada, o *Bitcoin*, mas a maior novidade, que mais tarde foi chamada de internet dos valores, foi o sistema eletrônico de pagamento, no qual todas as transações realizadas são registradas e criptografadas na *ledger*, uma espécie de livro-razão público e distribuído, denominado *Blockchain*, o que pôs fim a um antigo problema, os gastos duplos.

A nova modalidade de moeda passou a ser chamada de criptomoeda e classificada como tecnologia disruptiva e de alcance mundial, visto que desafia o modelo econômico tradicional, sendo fruto da evolução da economia, agregada ao desenvolvimento da informática.

Passada uma década do seu surgimento, o mercado cripto, assim como é conhecido, conta com uma infinidade de criptomoedas ativas e movimenta trilhões de dólares ao redor do mundo, com estruturas de governanças próprias, muitas delas advindas do mercado financeiro. Já a tecnologia *Blockchain* expandiu-se para diversos setores da economia trazendo inovações como os smartcontract, a *initial coin offering* (ICO), provas autenticadas, registros públicos e outras aplicações. Até mesmo os bancos, resilientes a essa nova onda de modernização, estão aderindo aos poucos a essa tecnologia, mas com posicionamentos contra as criptomoedas e com atuações fortes contra as *exchanges* que atuam nesse mercado.

No âmbito penal as criptomoedas têm proporcionado ambientes propícios à prática de crimes como lavagem de dinheiro, pirâmides financeiras e tantos outros que podem ser combatidos com a legislação em vigor, ressaltando a dificuldade do anonimato das transações. Já no âmbito econômico-financeiro, o desafio consiste em garantir a legitimidade do regime estatal como controlador da moeda nacional, o que desafia também a ordem jurídica vigente.

Diante desse cenário, alguns países baniram as criptomoedas, sendo até crime a sua utilização. Em outros, como é o caso do Japão, já existe regulamentação, mas a grande maioria dos países continua avaliando e discutindo os seus impactos.

As iniciativas no campo tributário avançam, mas o grande desafio enfrentado é a classificação da natureza jurídica. Na Alemanha, por exemplo, entendeu-se pela isenção do Imposto sobre Valor Agregado (IVA) quando a utilização ocorrer como mero uso como meio de pagamento. Já na Austrália, eram tratadas como propriedade intangível, o que ocasionou a bitributação, sendo reclassificadas para dinheiro.

No Brasil, a Receita Federal do Brasil, em 2017, informou em seu Manual Imposto Sobre a Renda – Pessoa Física: Perguntas e Respostas, que as criptomoedas são consideradas um ativo financeiro, sendo passíveis de arrecadação de imposto de renda e anos depois apresentou uma normativa específica para controlar o setor.

A metodologia adotada foi a dedutiva e o presente estudo utilizou-se de uma abordagem qualitativa. Por meio de pesquisa bibliográfica foram selecionadas publicações, desde o ano 2008 até o presente, em livros, artigos científicos, dissertações, teses e textos em meio eletrônico a fim de conceituar e descrever as criptomoedas e suas respectivas aplicações, legislações e implicações no âmbito tributário. A pesquisa documental foi realizada em parte do estudo que compreendeu a investigação em leis e jurisprudências pertinentes ao tema em questão.

O livro encontra-se estruturado da seguinte forma: o primeiro capítulo traz uma síntese do desenvolvimento da moeda ao longo do tempo até a criação da criptomoeda; o segundo capítulo aborda a tecnologia da era moderna, o *Bitcoin* e as aplicações do *Blockchain*; o terceiro capítulo esboça as práticas e funcionamento do mercado de criptomoedas; no quarto capítulo verifica-se a possibilidade de tributação nas transações em criptomoeda; o quinto capítulo aborda as formas de regulamentação de alguns países e as iniciativas legislativas brasileiras; o sexto capítulo revela as competências das atribuições da Receita Federal do Brasil e a legislação do setor tradicional de câmbio; por fim, a conclusão demonstra os impactos das criptomoedas para a ordem econômica.

A TRAJETÓRIA DA MOEDA E AS DIVERSAS FORMAS DE SUA CONCEPÇÃO

1

1.1 O surgimento da moeda e sua evolução na sociedade

A história do dinheiro sempre foi objeto de estudo de diversas civilizações. Conhecer seu desenvolvimento e entender suas diversas formas ao longo dos séculos possibilitou aos historiadores não só o conhecimento propriamente dito das moedas, mas revelou também a trajetória da economia, da política, da sociedade e, principalmente, das questões culturais, que continuam a ser construídas até os dias de hoje.

Há relatos que a primeira geração do dinheiro se iniciou com as moedas do rei Creso, na Lídia (atual região da Turquia), há cerca de 3 (três) mil anos, o que teria ensejado o sistema de mercados abertos e livres, originando as civilizações clássicas do Mediterrâneo. Esse sistema se propagou pelo mundo e gradativamente extinguiu os grandes impérios tributários da história. Na civilização moderna, a segunda geração do dinheiro dominou desde o início da Renascença até a Revolução Industrial e resultou na criação do moderno sistema capitalista mundial (VIEIRA, 2017, p. 05).

A trajetória do dinheiro se deu a partir do desenvolvimento da humanidade, quando o homem sentiu necessidade de adquirir bens que não lhe pertenciam, fazendo surgir os sistemas de trocas, conhecidos também como escambo. O dinheiro, então, surgiu da necessidade de encontrar um elemento de mediação nas trocas.

As mercadorias viraram *commodity* (mercadoria como dinheiro) e cada sociedade adotou um tipo de mercadoria, a melhor explorada em sua região. Os astecas, por exemplo, utilizavam a semente de cacau, mas muitos outros bens serviram como moeda ao longo da história, como descrito por Weatherford (1999, p. 25-26):

> Em todo o mundo, artigos que vão de sal a tabaco, de toras de madeira a peixe seco, e de arroz a tecido foram usados como dinheiro em diversas épocas da história. Os nativos de regiões da Índia usavam amêndoas. Os guatemaltecos usavam milho, os antigos babilónicos e assírios usavam cevada. Nativos das Ilhas Nicobar usavam cocos, e os mongóis computavam tijolos de chá. Para as pessoas das Filipinas, do Japão, da Birmânia e outras partes do sudeste asiático, medidas padronizadas de arroz tradicionalmente serviam como dinheiro em forma de mercadorias. Os noruegueses usavam manteiga como dinheiro, e na era medieval, usavam bacalhau seco que podia ser facilmente convertido em outros produtos ou em moedas no comércio com comerciantes hanseáticos moradores de Bergen. Eles, por sua vez, vendiam o peixe para o sul da Europa onde havia grande demanda às sextas-feiras, durante a Quaresma, e em outras épocas em que a Igreja Católica condenava o consumo de carne. Na China, na África do Norte e no Mediterrâneo, as pessoas usavam sal como dinheiro. O gado desempenhou um papel igualmente importante na economia de muitas antigas tribos europeias da Irlanda à Grécia e por todo o subcontinente indiano.

O que fazia uma mercadoria virar dinheiro era sua aceitação nos sistemas socioculturais, tal circunstância determinava o sucesso da *commodity*.

Com o passar dos tempos, percebeu-se que commodities duráveis, como pedras, conchas e dentes, ofereciam um acúmulo de valor a longo prazo por não estragarem com facilidade.

Foi quando surgiram alguns objetos de alto valor e ampla aceitação, em geral. Os mais conhecidos foram os metais, haja vista que podiam ser divididos em partes maiores ou menores, o que facilitava o meio de troca e contribuía para um melhor manuseio e armazenamento.

O ouro e a prata foram espontaneamente escolhidos como dinheiro na livre concorrência do mercado, desbancando todos os outros metais dessa função. Destaca-se a grande exploração dos metais nas Américas pelos países colonizadores, principalmente Espanha e Portugal, como discorre Jack Weatherford (1999, p. 104), ao afirmar que de "1500 até 1800, as minas das Américas forneceram 70% da produção mundial total de ouro e 85% da de prata".

Com o desenvolvimento da sociedade, o crescimento do trabalho e, consequentemente, da economia, foi necessário um aperfeiçoamento do dinheiro utilizado nos intercâmbios do mercado, ocasião na qual o ouro passou a ser a moeda de circulação.

Assim, o ouro se consolidou como uma moeda de alcance mundial e transformou o comércio internacional. Tal tradução se dá pelo famoso provérbio alemão: *geldregiert die welt* (o ouro governa o mundo).

Entrementes, o receio de guardar consigo a mercadoria fez surgir o serviço de custódia do ouro, inicialmente fornecido pelos ourives (profissionais que trabalham com metais preciosos na fabricação de joias) e posteriormente, pelos bancos, locais nos quais os depositantes recebiam uma certificação de armazenagem.

Esses certificados passaram a circular como se fossem o próprio metal e foram responsáveis por promover o uso do dinheiro metálico. Rapidamente, o número de transações em papel físico ampliou, enquanto o de ouro físico diminuiu.

Os bancos cresceram paulatinamente e ganharam a confiança dos clientes até o ponto de estes entenderem que era mais conveniente abrir mão de seu dinheiro, ou seja, receber a cédula bancária, e, em vez disso, manter sua titularidade na forma de contas que podiam ser movimentadas sob demanda, o que é chamado atualmente de depósito bancário ou conta corrente.

O cliente não precisava mais transferir a cédula para outra pessoa, bastava escrever uma ordem para que seu banco a executasse. A essa modalidade deu-se o nome de cheque.

Gradativamente, a conta corrente e a cédula bancária substituíram o dinheiro físico (ouro) depositado no banco sem aumentar a oferta monetária e com garantia do lastro da operação, sem contar que eliminavam as complicações de lidar com grandes quantidades de ouro.

A massa monetária se transformou em dinheiro material e tangível, ou seja, em ouro depositado no banco, mesmo que parte dele estivesse circulando por meio de cédulas bancárias ou ordens de movimentação de conta corrente via cheque. Originou-se, pois, a circulação do "papel-moeda" e da moeda escritural ou bancária, que são os registros contábeis dos bancos, nos quais declaram-se a quantidade de dinheiro material depositado.

Note-se que as primeiras notas de "papel-moeda nacional", também chamado de currency, apareceram em 1661 na Suécia, onde o Banco de Estocolmo emitiu a primeira nota para compensar a escassez de moedas de prata, e de lá se propagaram para toda a Europa, porém, há relatos que já existiam cédulas na China no ano 960, conforme assegura Weatherford (1999, p. 129):

> Não é acidental que a impressão, a fabricação do papel e o papel moeda tenham nascido na China. Considera-se que no primeiro ou segundo século d.C, Ts'aiLun tenha feito o primeiro papel a partir da casca de uma amoreira, cujas folhas alimentavam as lagartas da lucrativa indústria de seda chinesa, mas a verdadeira fabricação de papel deve ter mais séculos de idade. A tecnologia de fabricação de papel parece ter sido restrita à China por pelo menos um milénio. O uso do papel- moeda encontra menção na dinastia T'ang, porém não foram encontrados exemplares daquela era, apenas algumas ilustrações.

A moeda nacional era impressa em uma cédula, na qual constava a quantidade específica do metal precioso, por exemplo: a nota de 100 marcos, no final do século XIX, era equivalente a 36 gramas de ouro.

Também era possível resgatar em espécie, quando assim solicitado pelo portador a algum banco depositário.

Desse modo, havia uma distinção da moeda nacional e da moeda propriamente dita, o ouro, que originou o padrão ouro-clássico.

1.2 A importância do ouro como moeda para o cenário internacional

1.2.1 *Bretton Woods*, um marco histórico

O padrão-ouro, cerne do sistema monetário internacional administrado pelo Banco da Inglaterra, foi considerado o primeiro sistema completamente global que unia o mundo. A manutenção desse regime cambial foi possível graças à estabilidade econômica que os países europeus desfrutavam na época, levando o planeta a um único sistema social.

Entre os anos de 1815 a 1914, cada moeda nacional (o dólar, a libra, o franco, etc.) era meramente um nome para um determinado peso de ouro. Como explica Murray Rothbard (2010, p. 76):

> O dólar, por exemplo, foi definido como sendo 1/20 de uma onça de ouro, a libra esterlina como um pouco menos de 1/4 (exatamente 0,2435) de uma onça de ouro, e por aí vai. Isso significa que as "taxas de câmbio" entre as várias moedas nacionais eram fixas - não porque elas eram arbitrariamente controladas pelos governos, mas pelo mesmo motivo que uma libra é definida como sendo igual a dezesseis onças. Ou seja: os vários nomes das moedas eram meras definições de unidades de peso.

O problema de uma moeda baseada no ouro é que seu abastecimento dependia do aumento de produção no mundo, e essa quantidade flutuava a cada nova descoberta e desenvolvimento tecnológico.

Com o início da Primeira Guerra Mundial, no ano de 1914, a situação começou a mudar, os países em guerra foram forçados a emitir grande quantidade de dinheiro sem lastro, o que tornou impossível a conversão da moeda. Ficou proibida também a exportação do metal, a fim de proteger suas reservas. Com isso, a maioria dos países europeus foi obrigada a desvalorizar suas moedas para tornar as exportações mais competitivas, momento no qual o mundo se deparou com uma crise sem precedentes e precisou rever os conceitos monetários internacionais. Chegava ao fim, portanto, o auge do padrão-ouro para muitas nações. Os Estados Unidos da América (EUA), ao contrário, saíram economicamente fortalecidos e com as maiores reservas de ouro do mundo.

Em julho de 1944, após o Dia D (operação militar ocorrida durante a Segunda Guerra Mundial), deu-se um marco histórico: os Estados Unidos convocaram uma reunião econômica com os Aliados para decidir que tipo de ordem econômica e monetária o mundo deveria seguir. O encontro foi composto por 700 membros de 44 nações que se reuniram em um hotel, cujo endereço de postagem se chamava *Bretton Woods*, localizado na cidade de *New Hampshire*, nos Estados Unidos. Tiveram como missão estabelecer uma nova ordem monetária internacional e o modelo adotado foi o regime de câmbio fixo, segundo o qual cada país deveria estabelecer o valor de sua moeda em relação ao dólar, que por sua vez, seria conversível em ouro. Surgia assim a paridade dólar-ouro.

Um pacote de medidas denominado Sistema *Bretton Woods* foi anunciado com propósito de nortear o funcionamento do sistema financeiro e econômico mundial. Algumas das medidas adotadas, com consequências até os dias atuais, foram: i) a definição do dólar americano como moeda padrão para transações internacionais; ii) a indexação da taxa de câmbio entre o dólar e as demais moedas, com limite de variação em bandas de 1%, para cima ou para baixo; iii) a criação do lastro em padrão-ouro, no qual cada dólar valeria o equivalente a 35 gramas de ouro; iv) a criação de entidades internacionais de apoio, fiscalização e supervisão econômica e financeira, como o Fundo Monetário Internacional (FMI), o Banco Mundial e o Banco Internacional para a Reconstrução e Desenvolvimento (BIRD) (REIS, 2018, on-line).

Até a década de 1960, os governos dos Estados Unidos e de outras nações trabalharam em conjunto para manter o valor do dólar fixado em 35 (trinta e cinco) dólares por onça de ouro, mas na década de 1960 a crescente provisão de dólares e a inflação concomitante dificultaram para os bancos centrais do mundo a manutenção desse nível.

Já no começo da década de 70, esse regime entrou em colapso devido às recessões econômicas. O então presidente americano, Nixon, suspendeu a conversão (paridade dólar- ouro) para que os países mantivessem paridades fixas entre si. Nesse momento, as moedas nacionais se tornaram, verdadeiramente, fiduciárias e inconversíveis

Ao abdicar do padrão do ouro e desistir das taxas de câmbio definidas pelo acordo firmado na Conferência Internacional Monetária de *Bretton Woods* de 1944, os governos do mundo concordaram em deixar as moedas de cada país encontrarem sua própria taxa de câmbio.

1.2.2 A ascensão do dólar e a criação do câmbio flutuante

Os Estados Unidos, desde o início da sua história, foram constituídos sem o sistema feudal europeu, sem influências culturais da Igreja Católica e da nobreza, o que facilitou o nascimento de sólidas relações monetárias, pois a nação foi edificada em torno do dinheiro e do comércio.

O sistema de taxa de câmbio flutuante (quando o preço da moeda varia livremente no mercado de moedas) entrou em vigor definitivamente em 1973, quando as exportações e importações mundiais, medidas em dólares, começaram a crescer.

No entanto, após uma grande crise econômica, o sistema monetário internacional passou por uma extrema volatilidade. A recuperação americana se deu após 1983, momento no qual o dólar forte e as altas taxas reais de juros provocaram a entrada maciça de capitais nos Estados Unidos, ocasionando um aumento na balança comercial, tornando-se anos depois, com ascensão da globalização, a principal economia mundial com o dólar consagrado como uma das moedas mais importantes do planeta.

O "padrão dólar", como vem sendo chamado, é utilizado no mundo inteiro para realização do comércio entre diferentes países. O dólar é aceito porque oferece maior garantia e menor incerteza em comparação com as demais moedas. Ademais, as reservas monetárias encontram-se baseadas no dólar, fator esse que demonstra a dependência da economia mundial na moeda.

Atualmente, são mais de 180 (cento e oitenta) moedas nacionais (SPORT-HISTOIRE, on-line) que circulam como meio de troca sem qualquer lastro, além da confiança de seus bancos emissores. As moedas são emitidas por instituições financeiras designadas de Bancos Centrais ou Federais e outras instituições governamentais reconhecidas. Tornaram-se essencialmente "moedas fiduciárias", o que significa que têm fundos legais e são apoiadas por governos e instituições financeiras, existindo assim uma estrutura legal que respalda seu estabelecimento e uso.

No momento, o dólar é a principal moeda no mercado de câmbio, sendo base para transações e utilizado em grandes movimentações da economia global, podendo vir a ser substituído futuramente, como a história já demonstrou.

1.3 A diferença entre moeda papel, moeda digital e criptomoeda

O dinheiro em papel é uma espécie de moeda fiduciária, ou seja, é um título não- conversível e não-lastreado a nenhum ativo de valor físico, seu valor monetário é simplesmente aceito. Trata-se de um bem sem valor intrínseco, mas que possui valor intangível, advindo do seu emissor. São consideradas como fiduciárias quaisquer modalidades que expressem valores derivados dessa moeda, por exemplo, as ordens de pagamento (cheques, promissórias), títulos de crédito, saldos bancários, etc.

As moedas fiduciárias normalmente são emitidas pelos bancos centrais ou qualquer outra autoridade que detenha o controle do sistema monetário de um país. O governo declara que a moeda emitida tenha curso legal e seja, obrigatoriamente, aceita por todos dentro do país, tornando ilegal sua não-aceitação ou a utilização de qualquer outra moeda. Dessa forma, o governo "impõe" que as pessoas e empresas aceitem a moeda, razão pela qual, muitas vezes a moeda fiduciária é chamada de moeda de curso forçado ou moeda fiat – do latim faça-se.

Com o advento da internet e o aperfeiçoamento da tecnologia bancária, a circulação do papel moeda está diminuindo bruscamente, dando espaço as chamadas moedas digitais. Alguns exemplos de moedas digitais são: transferência bancária via internet; envio e recebimento de pagamento por meio de cartões de débito, crédito ou empresas de pagamento. As moedas digitais, portanto, são intangíveis e existem apenas na forma de números e dígitos, mas são passíveis de conversão em moeda papel.

Segundo disciplina o inciso VI, do artigo 6º, da Lei nº. 12.865, de 9 de outubro de 2013

– Lei de Meios de Pagamento –, moedas eletrônicas "são os recursos armazenados em dispositivo ou sistema eletrônico que permitem ao usuário final efetuar transação de pagamento". Em outras palavras, moeda eletrônica pode ser considerada um sinônimo de dinheiro (moeda fiduciária nacional) em um ambiente virtual, disciplinada pelas regras do Banco Central do Brasil (BACEN).

No tocante às criptomoedas, tratam-se de um tipo específico de moeda digital, cujo ângulo exclusivo é a privacidade, a descentralização, a segurança e a criptografia.

Conforme Victor Oliveira (2019), "a criação das criptomoedas teve o objetivo inicial de possibilitar a troca de valores monetários sem demandar confiança entre as partes envolvidas e, ainda mais, sem que os indivíduos necessitem confiar um intermediário para executar a troca". Atualmente, a principal diferença entre as moedas fiduciárias e as criptomoedas é a ausência de um órgão regulador ou instituição que as monitore, isto porque as criptomoedas

foram geradas e são transacionadas por meio do uso da tecnologia *Blockchain*.

A evolução eletrônica do dinheiro promete aumentar ainda mais o papel do dinheiro na sociedade e, principalmente, na vida privada. Vivencia-se uma nova era do dinheiro e a história demonstrou repetidas vezes que nem o governo nem o mercado, por si só, são capazes de regulamentar o dinheiro.

A TECNOLOGIA NA ERA MODERNA E A SUA INFLUÊNCIA NO COTIDIANO

2

2.1 A influência da evolução dos meios de telecomunicações para as criptomoedas

No passado, grandes feitos tecnológicos contribuíram para o desenvolvimento da humanidade, por exemplo, a máquina de escrever, considerada o primeiro passo para a aceleração do processo produtivo nos escritórios no final do século XVIII, o telefone, que foi inventado no final do século XIX e contribuiu para a expansão e a descentralização das organizações rumo a novos e diferentes mercados, e os meios de transporte como o navio, o automóvel e o avião, responsáveis por proporcionar uma expansão nos negócios mundiais.

Na Revolução Industrial ocorreu uma evolução na mão de obra, que começou a ser substituída por máquinas, equipamentos e invenções, trazendo ao mundo a tecnologia de processos.

A partir deste período, a tecnologia começa a ter um papel crucial nas formas de produção, uma vez que proporcionou o surgimento das grandes fábricas e indústrias, alterando a sociedade e o cotidiano drasticamente.

Para Jacques Ellul (1964, p. 43), a técnica ou tecnologia transforma a realidade da vida integrando-se ao homem progressivamente, tornando-se autônoma.

O mundo globalizado como é conhecido hoje só foi possível em virtude dos avanços tecnológicos nos meios de telecomunicação, principalmente com o surgimento da rede de Internet e do aparelho celular. Não restam dúvidas, portanto, que uma das grandes evoluções dos tempos modernos, responsável por levar a humanidade a patamares jamais vistos, é a Internet.

A sua evolução se deu a passos longos: inicialmente surgiu para auxiliar a área militar e, nas décadas de 70 e 80, foi um importante meio de comunicação acadêmica. Somente no ano de 1990, com o advento da globalização, começou a alcançar a população mundial, com a criação da *World Wide Web* (www), o que possibilitou a utilização de uma interface gráfica e a criação de sites dinâmicos e visualmente interessantes. A partir deste momento, a Internet cresceu em ritmo acelerado.

Com o passar do tempo, a plataforma se tornou cada vez mais simples e fácil de usar, vários segmentos sociais começaram a utilizá-la. Sua disseminação se deu por meio de estudantes que buscavam tanto informações para pesquisas escolares quanto diversões em sites de games. Uma das grandes inovações foram as salas de chat, que se tornaram pontos de encontro para um bate-papo virtual a qualquer momento.

Nessa esteira, as empresas descobriram um excelente caminho para melhorar seus lucros e as vendas on-line começaram a encantar os consumidores, transformando a Internet em um verdadeiro shopping center virtual.

Com a possibilidade de uma rede mundial conectada, a expansão do comércio foi inevitável e espantosa, consolidando o movimento de globalização.

Gradativamente, a Internet abdicou de suas origens de ferramenta de escrita e leitura e entrou numa fase mais social e participativa, passando a registrar os interesses e as necessidades pessoais.

Nos últimos anos se chegou à *Web* 2.0, também chamada de *web* participativa, momento de início da revolução dos *blogs* e *chats*, das mídias sociais colaborativas, do aparecimento de redes sociais mais interativas e da produção de conteúdo pelos próprios internautas, surgindo também as ferramentas e aplicações on-line, cada vez mais dinâmicas.

A escalada da Internet foi consolidada por meio da evolução dos aparelhos celulares, atualmente conhecidos por smartphones, uma vez que oferecem outros serviços e funcionalidades além da ligação de voz. E um deles é a Banda Larga Móvel, que possibilitou a bilhões de pessoas ao redor do mundo acesso à informação, à velocidade instantânea da notícia e a uma ampla gama de serviços convenientes com um custo mais baixo, modificando a forma de viver da sociedade.

Nesse cenário de evolução tecnológica frenética, a moeda também foi alvo da digitalização. Em 1982, o criptógrafo David Chaum desenvolveu o projeto *ECash* e instituiu a estratégia que atualmente as criptomoedas pregam, o anonimato. Em 1990, Charles Cohen tentou desenvolver uma moeda totalmente digital chamada Beenz, que possibilitava a compra de produtos e serviços na *Internet* utilizando conceitos de arbitragem. Um *cyberpunk* chamado Wei Dai criou a criptomoeda B-*money*, cujo projeto usava o proof of *Work* (algoritmo de consenso) para a mineração das moedas. Nick Szabo, outro criptógrafo, considerado o inventor da tecnologia dos *Smart Contracts*, iniciou seus trabalhos em 1998, com o *bitgold*, uma plataforma monetária descentralizada (OVERTURE, 2017, on-line).

O que existe de comum em todas essas moedas é a técnica utilizada para garantir a segurança, a criptografia, oriunda das palavras gregas kriptós – secreto, escondido e gráfein – escrita, significando o uso de técnicas para transformar textos ou dados legíveis em informação ilegível, que não possa ser compreendida. Essa técnica foi utilizada por povos antigos, como os espartanos e romanos, para cifrar suas trocas de mensagens. A base da criptografia moderna são chaves/algoritmos que criam uma sequência de caracteres específica para cada processo, trazendo proteção às informações que circulam na Internet (MEDEIROS, 2015, on-line).

No ano de 2008, num grupo de discussão chamado The Cryptography Mailing, um programador japonês ou um grupo de programadores, de pseudônimo Satoshi Nakamoto, apresentaram ao mundo o white paper, que mudaria a história da economia financeira mundial. Às 18h15 do dia 3 de janeiro de 2009 nascia oficialmente o *Bitcoin*, uma moeda digital peer-to-peer (par-a-par ou simplesmente ponto-a-ponto), sem lastro, de código aberto e que não depende de uma autoridade central, bastando acesso à Internet (ULRICH, 2014, p. 30).

2.2 *Bitcoin*, o *white paper* que mudou a lógica do sistema tradicional financeiro

Com o crescente avanço do comércio pela Internet, o processo de pagamento eletrônico ficou inicialmente a cargo exclusivo das instituições financeiras, um terceiro confiável, como definiu Satoshi Nakamoto (2008, p. 01), não existia outro mecanismo ou canal de comunicação para realizar a operação sem um terceiro envolvido.

Deste viés surgiram vários questionamentos, por exemplo: como realizar pagamentos eletrônicos sem a anuência de um terceiro confiável? Como garantir a privacidade da operação? Por fim, o mais complexo deles: como evitar gastos duplos?

A solução proposta no *white paper* foi um sistema de pagamentos eletrônicos baseado em provas criptográficas em vez de confiança, permitindo que duas partes dispostas a negociar diretamente entre si, o façam sem a necessidade de um terceiro confiável. Tal proposta solucionava ainda o problema do gasto duplo, ao usar um servidor *peer-to-peer* de carimbos de tempo para gerar uma prova computacional da ordem cronológica das transações (NAKAMOTO, 2008, p. 10).

Surgia então o *Bitcoin*, e pela primeira vez na história o problema do gasto duplo foi resolvido sem precisar da intervenção de um terceiro.

Nota-se que o grande diferencial dessa rede é que todas as transações realizadas são registradas na *ledger*, uma espécie de livro-razão público e distribuído, denominado *Blockchain*. Trata-se de um grande banco de dados públicos contendo o histórico de todas as transações, permitindo que novas transações sejam verificadas no *Blockchain*, assegurando que os mesmos *Bitcoins* não tenham sido gastos anteriormente, com o próprio usuário intermediando a operação.

Tem-se, portanto, um ativo digital individualizado e sem intermediação, com registros imutáveis, transparentes, auditáveis, seguros e confiáveis, na medida em que são propagados para uma rede de computadores distribuída.

2.3 A tecnologia *Blockchain* e suas aplicações

2.3.1 A origem da criptografia em bloco

A tecnologia *Blockchain* é a base dos conceitos de distribuição e descentralização das informações e traz consigo o princípio de transparência e imutabilidade dos registros, proporcionando a auditabilidade dos dados.

De Filippi e Wright (2018, p. 13, tradução da autora) definiram *Blockchain* como "um banco de dados descentralizados e mantidos por uma rede, sendo possível compreender o armazenamento de informações e a execução de protocolos."

Dessa maneira, cada bloco confirma a integridade do bloco anterior, garantindo a integridade do histórico de todas as transações realizadas, conforme demonstrado na Figura 1, a seguir.

Figura 1 – Funcionamento da cadeia em blocos do *Blockchain*

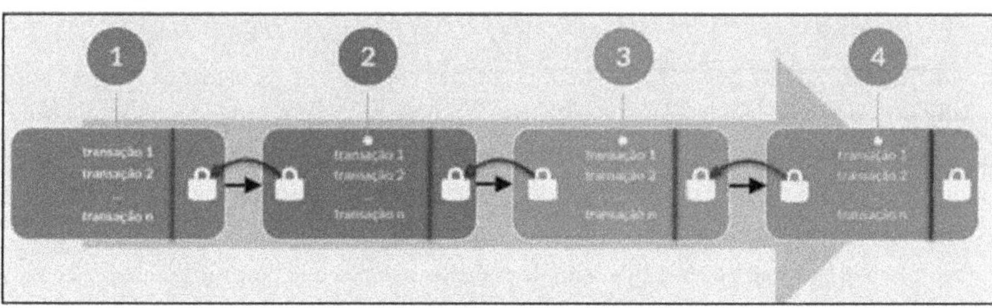

Fonte: Osório Jr. (2017).

A ilustração corrobora o porquê da denominação "*Blockchain*", uma vez que as transações são agrupadas em blocos, que por sua vez são encadeados de forma criptografada aos blocos anteriores, conferindo a segurança das transações e imutabilidade dos registros.

Conforme Andreas M. Antonopoulos (2018, p. 97), tecnicamente, um bloco agrupa a transação, cada bloco contém um carimbo de tempo e uma assinatura do bloco anterior, cada cabeçalho engloba um *hash*, ou seja, uma sequência de *bits* utilizados para realizar um cálculo que prova sua originalidade. Portanto, é possível ter a prova de trabalho validando as transações. Após a validação, o bloco é adicionado ao *Blockchain* principal.

Os blocos possuem capacidade de armazenamento limitada, um bloco é minerado[1] a cada dez minutos, aproximadamente.

Desta feita, através da propositura de problemas matemáticos em troca de recompensa, aquele que solucionar primeiro criará o bloco e receberá *bitcoins* (BTC). O processo de criação de blocos foi denominado mineração e aquele que obtém recompensa, minerador.

Essa gratificação teve início com 50 (cinquenta) *bitcoins* e a cada 210.000 (duzentos e dez mil) blocos (aproximadamente quatro anos) ela é reduzida pela metade. Em 2012, foi reduzida para 25 (vinte e cinco) *bitcoins* (ANTO-NOPOULOS, 2017, p. 102) e atualmente a prova de trabalho gratifica o minerador com 12,5 (doze e meio) *Bitcoins* a cada bloco gerado, o que significa que a geração do último *bitcoin* será no ano de 2140, com um total de 21 (vinte e um) milhões de *bitcoins* gerados.

---

1   Minerar ou mineração em *bitcoin*, significa o ato de resgatar a moeda no sistema por meio de soluções de equações matemáticas, assim, para minerar *bitcoin* é necessário ter um computador com alta capacidade de processamento. Ao solucionar o problema, o minerador recebe uma recompensa em *bitcoin* para cada bloco que ele minerar. Essa recompensa foi criada com a intenção de pagar as pessoas que emprestam poder computacional para manter a rede do *bitcoin* funcionando, conhecida como *Blockchain*. O termo se assemelha exatamente a mineração do ouro.

Outro aspecto importante é a segurança sistêmica, haja vista que até a presente data o sistema foi atualizado apenas uma vez e jamais invadido por *hackers*, garantindo a segurança das transações, a confidencialidade das informações e, consequentemente, a confiança dos usuários.

Com isso, o *Blockchain* ficou conhecido como *Internet* dos Valores, por se tratar de um livro público onde se armazenam todas as transações encriptadas (texto cifrado) e protegidas contra alteração, revisão e deleção.

Dirk Zetzsche, Ross Buckley e Douglas Arner (2017, p. 16) elegeram o Blockchain como uma das mais promissoras e entusiasmantes inovações dos tempos modernos, tendo em vista as vantagens que essa tecnologia pode proporcionar.

Segundo Don e Alex Tapscott (2016, p. 35), trata-se de um protocolo que contém um conjunto de regras para a descentralização:

Esse protocolo estabeleceu um conjunto de regras – na forma de cálculos distribuídos

> – que asseguram a integridade dos dados trocados entre esses bilhões de dispositivos sem passar por uma terceira parte confiável. Esse ato, aparentemente sutil, detonou uma faísca que tem animado, aterrorizado ou, de alguma forma, capturado a imaginação do mundo da computação e se espalhada como fogo entre as empresas, os governos, os defensores da privacidade, os ativistas de desenvolvimento social, os teóricos da mídia e jornalistas, para citar alguns, em toda parte.

O *Blockchain* se transformou numa tecnologia de registro distribuído de transações e dados, mantido por uma rede de computadores sem a necessidade de aprovação de uma autoridade central.

Mafalda Miranda Barbosa (2019, p. 210) conceitua *Blockchain* como:

> O *Blockchain* é, como o nome indica, uma lista de blocos (registros) que cresce continuamente. Estes blocos são registrados e ligados entre si através do uso da criptografia, viabilizando uma rede *peer-to-peer*, baseada numa tecnologia descentralizada. Dito de outro modo, o *Blockchain* é uma

tecnologia descentralizada (*distributed ledger*), na qual as transações são registradas anonimamente. O *Blockchain* é, então, um livro de registros (ledger), no qual se inscreve anonimamente informação, que é multiplicada ao longo de um ambiente digital (*network*), que liga os computadores de todos os participantes (*nodes*), e é regularmente atualizada, de tal modo que cada um que participe nesse *network* pode confiar que partilha os mesmos dados que o ledger, sem necessidade de um terceiro centralizado a validar. (grifo do autor).

A tecnologia possui informações completas sobre endereços e saldos diretamente do bloco gênese até o bloco mais recente e está constantemente crescendo à medida que novos blocos completos são adicionados por um novo conjunto de registros.

Basicamente, essa plataforma digital é fundamentada em códigos algoritmos e em conceitos de imutabilidade, transparência, auditabilidade, consenso, eficiência e redução de gastos. É composta por duas partes: uma rede *peer-to-peer* que compartilha tarefas, trabalho ou arquivos entre pares e um banco de dados distribuído e descentralizado.

O computador ou usuário é chamado de "nó", e coletivamente, vários deles compõem uma rede. Com esse mecanismo, é possível alcançar o consenso no *Blockchain*.

Esse modelo descentralizado permite que a informação trafegada na rede se propague entre todos. Assim, se um "nó" deixar a rede, os outros "nós" têm armazenado uma cópia da informação compartilhada.

Para William Mougayar (2017, p. 04), o *Blockchain* é passível de três definições: técnica, corporativa e legal, como afirma a seguir:

> Tecnicamente o *Blockchain* é um banco de dados de back-end que mantém um registro distribuído que pode ser inspecionado abertamente. Em modelos de negócios, o *Blockchain* valida transações, valores, ativos entre pares, sem a assistência de intermediários. Legalmente valida as transações, substituindo entidades anteriormente confiáveis.

À vista disso, a plataforma que originalmente atendia apenas a moeda virtual começou a ser utilizada em outras áreas, principalmente a financeira, uma vez que seu banco de dados é, praticamente, à prova de violação. Porém, atualmente, outros setores da economia já aderiram à tecnologia, por exemplo: serviços, indústria, comércio, governo e agricultura.

No primeiro semestre de 2019, a China lançou 151 (cento e cinquenta e um) casos de aplicação *Blockchain* em diversas áreas, dentre elas, as de finanças, governo eletrônico, assistência médica, proteção à propriedade intelectual e rastreabilidade (ZMUDZINSKI, 2019, on-line).

Desde 2017, tem-se adotado o *Blockchain* no Japão para processar licitações, e ainda, o país planeja unificar todos os registros de propriedades e terrenos em áreas urbanas, agrícolas e florestadas em um único livro razão gerado por essa tecnologia, com objetivo de melhorar a eficiência das transações imobiliárias (SÁ, 2017, on-line).

Uma pesquisa realizada no ano de 2020 mostrou que em toda a União Europeia (incluindo o Reino Unido), a adoção do *Blockchain* é caráter prioritário, com diferentes mercados e finalidades distintas. Na Alemanha, por exemplo, foi apresentado um projeto de lei para regulamentar a oferta de criptomoeda tokens.

No Oriente Médio, os Emirados Árabes Unidos são líderes na adoção do *Blockchain*. Em abril de 2018, iniciaram uma estratégia com o objetivo de implantar 50% (cinquenta por cento) das transações do governo até 2021 usando a plataforma. Nessa mesma linha, o Emirado de Dubai pretende atingir 100% (cem por cento) das transações. Observou-se, ainda, que no campo privado, quando uma empresa adota essa plataforma em sua operação principal, praticamente toda a cadeia de fornecedores se torna parte interessada (DELOITTE, 2020, on- line).

Há muito tempo, o *Blockchain* deu um salto do mundo teórico para o prático e muitas organizações e entes públicos já reconhecem a importância dessa tecnologia, que aliada a outras tecnologias irá revolucionar os próximos tempos por meio de novas aplicações e praticidades, por isso, é considerado um dos principais participantes da Quarta Revolução Industrial.

2.3.2 ICO (*initial coin offering*), uma nova forma de representação do capital da empresa e os *Smart contract*

Uma das grandes revoluções do *Blockchain* é a possibilidade de criação de outras moedas. Várias empresas começaram a aderir a essa prática como forma de arrecadar fundos de capitais, tornando o comprador do token uma espécie de "sócio" da empresa. Nasce, então, a oferta inicial de moedas, do inglês *initial coin offering* (ICO).

Trata-se de um meio não regulamentado pelo qual um novo empreendimento pode arrecadar fundos por meio de uma nova criptomoeda ou um cripto-token. É utilizado normalmente por startups com o intuito de financiar o desenvolvimento de projetos.

A França foi um dos primeiros países a entender e regular a ICO. Em 2019, por meio da Lei Pacte, mudanças ocorreram no Código Comercial Francês, abordando questões como as de crescimento e transformação de negócios. Dessa maneira, foi possível ao regulador financeiro da França, a Autoritédes Marchés Financiers (AMF), conceder a primeira aprovação do país para uma solicitação de ICO, definida como uma "transação de captação de recursos realizada por meio de uma tecnologia de contabilidade distribuída (DLT ou "*Blockchain*") e resultando em um problema de token" (WOLFSON, 2019, on-line).

James Chapman e Carolyn A. Wilkins (2019, p. 02, tradução da autora) apontam algumas formas de utilização da ICO, seja por meio de pagamento de lucros ou até mesmo "cotas" das sociedades, em debates promovidos pelo Banco Central do Canadá, como segue:

> Tokens de segurança. Esses tokens permitem que os compradores assumam alguma forma de posição em uma empresa. Muitas das ofertas iniciais de

moedas (ICOs) nos últimos dois anos se enquadram nessa categoria, embora haja diferenças significativas entre elas em termos de design. Um exemplo simples é um token que representa o patrimônio em uma organização construída em uma plataforma de *blockchain* onde "o detentor do token recebe fluxos de caixa futuros de um projeto de sucesso" (Hu, Parlor e Rajan, 2018). Outro exemplo é a Nexo, que é uma empresa de criptomoeda que paga uma parte dos lucros aos detentores de tokens da Nexo2.

Por meio das ICOs é possível esquivar-se de processos rigorosos e super regulados de levantamento de capital, além do mais, a praticidade e rapidez são outros pontos fundamentais dessa operação. O investimento é realizado de forma simples, normalmente por meio de um cadastro em site e depósito em nome da empresa. Em pouco tempo, a criptomoeda é recebida com o acompanhamento de sua movimentação em uma exchange, sendo possível realizar a venda a qualquer momento.

No tocante aos smart contract, o jurista e cientista de computação, Nick Szabo (1995,p. 01, tradução da autora), introduziu os primeiros conceitos sobre contratos inteligentes, descritos como:

> Um conjunto de promessas, incluindo protocolos nos quais as partes cumprem as outras promessas. Os protocolos geralmente são implementados com programas em uma rede de computadores ou em outras formas de eletrônica digital, portanto, esses contratos são "mais inteligentes" do que seus

---

2   Do original em inglês: "Security tokens. These tokens allow buyers to take some form of position in a firm. Many of the initial coin offerings (ICOs) over the past couple of years fall into this category, although there are significant differences among them in terms of their design. A straightforward example is a token that represents equity in an organization built on a blockchain platform where "the token-holder receives future cash flows from a successful project" (Hu, Parlour and Rajan 2018). Another example is Nexo, which is a crypto loan company that pays out a portion of the profits to Nexo token holders".

ancestrais baseados em papel3

A implementação desta teoria só foi possível décadas depois, com o surgimento da tecnologia *Blockchain*, e tornou-se popular após o ano de 2014 quando a empresa Ethereum fez a programação dos primeiros smart contracts, que chamou de "sistemas que automaticamente movem ativos digitais de acordo com regras arbitrárias pré-definidas" (ETHEREUM, 2014, on-line, tradução da autora).

Os contratos inteligentes são linhas de código executadas a partir de transações realizadas no *Blockchain*, essas transações carregam informações utilizadas pelo *script* do contrato, que por sua vez, pode realizar uma nova transação, consultar um banco de dados, emitir um alerta, etc. (PIRES, 2016, p. 41).

Dean Murphy (2016, p. 02, tradução da autora) conceitua um smart contract como "um protocolo de transação informatizado que executa os termos de um contrato."

Em suma, contratos inteligentes são aqueles cuja execução é realizada de forma automática por meio de códigos computacionais sem a intervenção de terceiros. Atualmente, são empregados em vários campos, como no varejo on-line para confirmação do recebimento de produtos, além da comprovação da transferência de dados financeiros.

2.3.3 A utilização de provas autenticadas pelo *Blockchain* no Judiciário brasileiro e o setor público

Dentre as várias utilidades do *Blockchain*, destaca-se a verificação de autenticidade de documentos. Tal prática ganhou notoriedade no âmbito da

---

3 Do original em inglês: "A set of promises, including protocols within which the parties perform on the other promises. The protocols are usually implemented with programs on a computer network, or in other forms of digital electronics, thus these contracts are "smarter" than their paper-based ancestors. No use of artificial intelligence is implied"

internet como meio de prova em casos de crimes contra a honra, bullying ou fake news.

Atualmente, as soluções adotadas para esses casos contêm particularidades que podem inviabilizar a prova, por exemplo, o print de tela de computador ou aparelho celular que pode ser alterado, não garantindo a plena integridade da prova, já em relação a ata notarial, é possível que o conteúdo seja apagado ou alterado antes que a parte prejudicada consiga chegar ao cartório, sem contar o custo elevado desses serviços.

O *Blockchain* possui características relevantes para a coleta de provas, como a imutabilidade das informações e a precisão de data e horário, uma vez que cada arquivo no sistema possui um carimbo de tempo (timestamp) e o hash, que contribui para a segurança.

Para José Paulo da Silva Lima (2015, p. 28), os hashes "trabalham pegando uma entrada de tamanho variável, seja ela um texto ou arquivo qualquer, e gerando uma saída de tamanho fixo. Este cálculo hash é uma boa maneira de se provar a integridade dos dados em que se foram feitos os cálculos."

As plataformas digitais oferecem o serviço de escaneamento de página *on-line* via *Blockchain* para utilização como meio de prova no Judiciário. Com isso, é possível gerar um relatório que contempla o carimbo de tempo, que atesta o momento em que a prova foi coletada, e também o hash, garantindo que o arquivo não foi alterado. O documento em questão é composto dos seguintes tópicos:

i) declaração com nome e CPF do usuário que efetuou a coleta, afirmando que as informações contidas no relatório são de sua inteira responsabilidade, e que não utilizou nenhum método fraudulento, tanto no conteúdo original e quanto no aplicativo utilizado, de modo a alterar as informações coletadas, nos termos dos artigos 298 e 299 do Código Penal Brasileiro;

ii) endereço eletrônico onde o conteúdo eletrônico foi coletado e estava disponível para verificação publicamente; iii) data e hora do momento em que o conteúdo foi acessado e enviado para registro;

iii) aviso para que este documento seja utilizado apenas em juízo;

iv) cópia fiel do conteúdo acessado naquele momento (OSÓRIO JR.; HA-MIDEH, 2019, on-line).

Insta apregoar que o Tribunal de Justiça do Estado de São Paulo, por meio da decisão do Agravo de Instrumento nº 2237253-77.2018.8.26.0000, reconheceu esse tipo de relatório como meio de prova válido, dando os primeiros passos para o reconhecimento da certificação de documentos via *Blockchain*, como segue:

> [...] não se justifica a pretensão de abstenção de comunicação de terceiros a respeito dos requerimentos do agravante e dos termos da demanda, inclusive porque o próprio recorrente afirmou que "a partir do conhecimento dos fatos, o Autor providenciou a preservação de todo o conteúdo via *Blockchain*, junto à plataforma *OriginalMy*, hábil a comprovar a veracidade e existência dos conteúdos. (TRIBUNAL DE JUSTIÇA DE SÃO PAULO, 2018, on-line).

Nessa vertente, o Código de Processo Civil traz em seu artigo 195 as regras para o registro de atos processuais eletrônicos, senão veja-se:

> Art. 195. O registro de ato processual eletrônico deverá ser feito em padrões abertos, que atenderão aos requisitos de autenticidade, integridade, temporalidade, não repúdio, conservação e, nos casos que tramitem em segredo de justiça, confidencialidade, observada a infraestrutura de chaves públicas unificada nacionalmente, nos termos da lei.

Vale frisar que o artigo 369 promove o princípio da atipicidade das provas ao prever que:

> As partes têm o direito de empregar todos os meios legais, bem como os moralmente legítimos, ainda que não especificados neste Código, para provar a verdade dos fatos em que se funda o pedido ou a defesa e influir eficazmente na convicção do juiz.

O mesmo diploma legal determina no art. 411 inciso II, que o documento se considera autêntico quando "a autoria estiver identificada por qualquer outro meio legal de certificação, inclusive eletrônico, nos termos da lei". A legislação específica mencionada foi acrescida pela Medida Provisória 2.200-2/2001, que constituiu os requisitos para garantir a autenticidade, integridade e validade jurídica de documentos eletrônicos. Segundo a qual:

> Art. 10, §2: O disposto nesta Medida Provisória não obsta a utilização de outro meio de comprovação da autoria e integridade de documentos em forma eletrônica, inclusive os que utilizem certificados não emitidos pela ICP-Brasil, desde que admitido pelas partes como válido ou aceito pela pessoa a quem for oposto o documento.

E no artigo 422 elucida a força probante de documentos extraídos de forma eletrônica:

> Art. 422. Qualquer reprodução mecânica, como a fotográfica, a cinematográfica, a fonográfica ou de outra espécie, tem aptidão para fazer prova dos fatos ou das coisas representadas, se a sua conformidade com o documento original não for impugnada por aquele contra quem foi produzida.
>
> § 1º As fotografias digitais e as extraídas da rede mundial de computadores fazem prova das imagens que reproduzem, devendo, se impugnadas, ser apresentada a respectiva autenticação eletrônica ou, não sendo possível, realizada perícia.
>
> § 2º Se se tratar de fotografia publicada em jornal ou revista, será exigido um exemplar original do periódico, caso impugnada a veracidade pela outra parte.
>
> § 3º Aplica-se o disposto neste artigo à forma impressa de mensagem eletrônica.

Neste diapasão, pode-se observar que o uso da tecnologia Blockchain para coleta e certificação de provas tem fortes indícios de se consolidar no âmbito judiciário, uma vez que tem validade no ordenamento pátrio.

Já no âmbito estatal, em grande parte dos países a atividade pública é pautada pela transparência e publicidade das informações, devendo o Estado garantir a segurança dos dados em seu poder.

Nessa esteira, o *Blockchain* pode ser utilizado em vários aspectos, de modo a introduzir boas práticas governamentais. Diante desse cenário, é possível elencar algumas características dessa tecnologia que podem auxiliar os anseios da administração pública, por exemplo: a imutabilidade das informações, a garantia de sigilo, auditoria e fiscalização dos dados, redução de processos burocráticos e a possibilidade de compartilhamento de dados por meio de uma plataforma segura.

William Mougayar (2017 p. 04) exemplifica alguns serviços tipicamente públicos nos quais o *Blockchain* pode se enquadrar, como: registros públicos, leilões, emissão de passaportes, licenças, patentes, impostos, votos, títulos públicos, arquivamentos e conformidade.

Já para Timóteo Pimenta Pires (2016, p. 37), a utilização mais evidente da tecnologia pela administração pública se daria no repasse de verbas por meio de um criptoativo, uma vez que realizado o registro, a fiscalização seria mais efetiva, pois garantiria o acesso aos dados "reais" das transações e não meros relatórios.

O grande case de sucesso na aplicação dessa tecnologia no setor público é a Estônia. Como exemplo de aplicação, pode ser citado, dentre outros, o *e-residency*, que permite ao cidadão acessar todos os serviços públicos e a abertura de empresas. Entretanto, a grande inovação é a possibilidade de estrangeiros se candidatarem a uma residência digital na Estônia, mesmo que a pessoa não resida no país. Ademais, o projeto de moeda digital já se encontra em andamento e ganhou o nome de *"estcoin"* (GUERRA, 2018, *on-line*).

Os primeiros passos para a modernização do sistema de registros públicos brasileiros foram realizados em setembro de 2019 com a alteração da Lei nº 6.015/73, na qual foi incluída o §3º, in verbis: "Os registros poderão ser escriturados, publicitados e conservados em meio eletrônico, obedecidos os padrões tecnológicos estabelecidos em regulamento".

A Lei 12.682/2012 que regulamenta a matéria também sofreu alterações, passando a autorizar o armazenamento eletrônico de documentos públicos ou privados, além de incluir previsão expressa de que o documento digital tem o mesmo valor probatório, para todos os fins de direito, do documento original, autorizando a destruição deste após constatada a integridade digital, como confirma o Art. 2º:

> Art.2º-A. Fica autorizado o armazenamento, em meio eletrônico, óptico ou equivalente, de documentos públicos ou privados, compostos por dados ou por imagens, observado o disposto nesta Lei, nas legislações específicas e no regulamento
>
> § 1º Após a digitalização, constatada a integridade do documento digital nos termos estabelecidos no regulamento, o original poderá ser destruído, ressalvados os documentos de valor histórico, cuja preservação observará o disposto na legislação específica.
>
> § 2º O documento digital e a sua reprodução, em qualquer meio, realizada de acordo com o disposto nesta Lei e na legislação específica, terão o mesmo valor probatório do documento original, para todos os fins de direito, inclusive para atender ao poder fiscalizatório do Estado. [...]

Com a autorização expressamente da escrituração de documentos pela via digital, abriu- se a possibilidade de o próprio processo de registro ser realizado por meio do *Blockchain*.

Tramita no Senado Federal, ainda, o projeto de lei nº 2876/2020, que prevê a alteração da Lei de Registros Públicos de 1973 com o objetivo de estabelecer que cada registro de título e documento seja feito também no Sistema Eletrônico de *Blockchain* Nacional de Registro de Títulos e Documentos, conforme descrito a seguir:

> Art. 141-A. Cada registro deverá ser feito também no Sistema Eletrônico de *Blockchain* Nacional de Registro de Títulos e Documentos disponibilizado pelo Conselho Nacional de Justiça

Art. 181-A. Cada registro deverá ser feito também no Sistema Eletrônico de *Blockchain* Nacional de Registro de Imóveis disponibilizado pelo Conselho Nacional de Justiça.

A justificativa do senador Acir Gurgacz (PDT-RO) para a utilização do Blockchain é que "a tecnologia é, essencialmente, muito difícil de ser fraudada, de forma que o registro de afetação de um imóvel via *Blockchain*, por exemplo, dificilmente seria perdido ou alterado."

Já na Câmara dos Deputados, tramita desde 2019, com rito de urgência, o projeto de lei nº 3.443/2019 que prevê o uso do *Blockchain* em contratos públicos, registros de bens e prestação de contas, com os seguintes dizeres:

Art. 4º Para os fins desta Lei, considera-se:

X – *blockchain*: é o sistema que funciona como instrumento de registro em blocos, permitindo a transferência de informações criptografadas, sem a existência de autoridade central de validação;

Art. 9º Para contribuir com o alcance dos objetivos estabelecidos na Estratégia de Política de Prestação Digital dos Serviços Públicos, os órgãos e as entidades de que trata o art. 1º desta Lei elaborarão:

[...]

II – instrumento de planejamento de segurança da informação e cibernética, inclusive mediante a utilização da tecnologia *blockchain*, para os contratos públicos, registros de bens e prestação de contas, e a experimentação do uso da inteligência artificial para automatização de tarefas e a aceleração dos serviços públicos, tendo em vista o aperfeiçoamento e a confiabilidade do controle digital de atos, contratos e procedimentos administrativos, exigindo o máximo de transparência, ativa e passiva, no processo decisório público.

Na prática, o tema vem sendo debatido no segmento de cartórios já há alguns anos. Em 2016, foi objeto de discussão no XXI Congresso Notarial Brasileiro - O Impacto da Disrupção do *Blockchain* para Notários e Advogados (CNBSP, 2016, on-line). Atualmente, o setor está sendo alvo de startups que trabalham no desenvolvimento de soluções *Blockchain* para os cartórios, onde buscam implantar a desburocratização e a redução das taxas de serviços.

A Suécia, em 2017, foi um dos primeiros países a adotar a tecnologia para administrar as transações imobiliárias e aplicar aos seus registros públicos, dentre outras aplicações (YOUNG, 2017, on-line).

No Brasil, a Junta Comercial do Ceará foi o primeiro caso de aplicação em órgão público. Segurança, imutabilidade (não possibilidade de fraude) e confiabilidade dos documentos são as principais características da tecnologia implementada na autarquia (BRANDÃO, 2018, on-line).

No estado do Piauí, a Prefeitura de Teresina será a primeira cidade a implantar a tecnologia para a área de transporte público, por meio do projeto chamado de Observatório da Mobilidade: *Blockchain* para a co-gestão do transporte público, no qual pretende-se armazenar todas as informações sobre o transporte público (cumprimento de ordens de serviços, relatórios de viagens, entre outras) em uma única plataforma, de forma acessível à população (AB2L, 2018).

Na área de licitações no Brasil, as iniciativas para utilizar a tecnologia *Blockchain* começaram a florescer em julho de 2019, mês no qual o governo da Bahia lançou o Solução *Online* de Licitação (SOL), que utiliza a tecnologia para guardar informações sobre compras, editais, atas e contratos. Com isso, mais de 1.000 (mil) associações e cooperativas da agricultura familiar conseguem encontrar fornecedores de bens, serviços e obras em todo o país com rapidez e transparência (FIGUEIREDO, 2020, on-line).

Outros países, como Estados Unidos e Japão, também atuam nessa frente de digitalização da licitação com a intenção de garantir transparência e maior rapidez no processo licitatório.

As perceptivas de utilização da tecnologia estendem-se às várias fases do certame, como: a criação de um banco de dados com centralização das informações dos licitantes, assim a fase de habilitação poderá ser realizada automaticamente; a possibilidade do julgamento das propostas ser realizado por meio de programação de smart contract com todos os liames do projeto (custos, preços, qualidade e outros), escolhendo a melhor proposta após análise e, igualmente na fase contratual, com aplicações automáticas de reajustes e verificações de atraso de pagamentos.

Em junho de 2020, o Fórum Econômico Mundial (FEM) apresentou o relatório "Exploring Blockchain technology for government transparency: Blockchain-based public procurement to reduce Corruption", o qual demonstra que a corrupção no setor público é um dos maiores desafios da sociedade, pois sufoca o desenvolvimento social, econômico e ambiental. Aponta ainda que muitas vezes a corrupção está centrada na falta de transparência, manutenção inadequada de registros e baixa responsabilidade pública. Concluíram, portanto, que caso a tecnologia *Blockchain* venha a ser aplicada em processos de contratos públicos, esta poderá potencialmente aumentar a transparência, reduzir riscos ou a prevalência de atividade de corrupção.

No que tange às eleições, a adoção de um sistema de votação por *Blockchain* é capaz de reduzir fraudes eleitorais, erros na contagem de votos e garantir ao cidadão acompanhar todo o processo em tempo real. Outro benefício é a votação utilizando o aparelho celular ou um computador pessoal.

Na Estônia, já é possível votar digitalmente usando cartão de identificação exclusivo, para isso basta fazer o login e votar de qualquer lugar do mundo.

Conforme evidenciado, a tecnologia *Blockchain* tem um grande potencial para contribuir com a transparência nos atos da administração pública, bem como para diminuir os entraves burocráticos e os custos, podendo até ser utilizada no âmbito tributário.

As aplicações práticas são diversas, por exemplo: o cálculo de imposto, registro de decisões tributárias, redução de fraudes tributárias e sonegação fiscal, dentre outras.

Espera-se, com isso, a integração de outras tecnologias, assim, no caso do imposto sobre valor agregado, um registro poderá ser criado por meio de contratos inteligentes utilizando regulamentos em tempo real e acordados pela Internet das Coisas.

Diante de tal cenário, já é possível verificar algumas iniciativas, como é caso do Tribunal de Contas da União (TCU), que publicou uma portaria em prol do uso do *Blockchain*. Trata-se da Portaria-Selip n.º 4, de 15 de julho de 2020, que designa uma comissão de licitação para contratar um serviço de b-CPF, conforme Art. 1º:

> Art. 1.º Fica designada comissão, constituída pelos servidores abaixo relacionados, para proceder ao recebimento do objeto da contratação formalizada por meio da Nota de Empenho n.º 2019NE001333, que consiste na contratação do serviço de Implantação Assistida, composta de instalação e configuração, no ambiente do Tribunal, de todas as ferramentas e conexões ao b-CPF (*Blockchain* do Cadastro de Pessoas Físicas), assim como extração e fornecimento inicial da base semente full de CPFs, conforme especificações constantes do Projeto Básico acostado à peça 14 do processo 037.106/2019-8.

Com o *Blockchain* será possível o registro rápido das informações transacionadas entre o contribuinte e o Fisco, proporcionando uma maior rapidez e transparência nas relações, o que contribuirá para uma nova era de tributação.

2.3.4 A tecnologia como ferramenta para a proteção da propriedade intelectual e a utilização pelos bancos

O *Blockchain* é uma ferramenta importante para a proteção da propriedade intelectual, haja vista que é capaz de documentar atributos de uma obra, avalizar a paternidade da criação, provar autenticidade, rastrear conteúdo e consentir ou não o uso da obra. Além do mais, pode eliminar intermediadores e conferir maior transparência nos recebimentos de royalties.

Segundo a Organização Mundial da Propriedade Intelectual (OMPI), as possíveis formas de utilização da tecnologia incluem: evidência de criação e autenticação; registro e liberação de direitos de propriedade intelectual; controle e rastreamento da distribuição; fornecimento de evidências de uso genuíno; gerenciamento de direitos digitais (por exemplo, sites de música on-line); estabelecimento e aplicação de acordos de propriedade intelectual, licenças ou redes de distribuição exclusivas através de contratos inteligentes; e transmissão de pagamentos em tempo real aos proprietários. Sem contar a possibilidade de ser usado para fins de autenticação e proveniência na detecção e/ou recuperação de mercadorias falsificadas, roubadas e importadas em paralelo (CLARK; MCKENZIE, 2018, on-line).

Outro aspecto que a tecnologia pode auxiliar é a questão de autorias de trabalhos divulgados pela internet. O autor será capaz de rastrear seu trabalho e decidir quem pode ter acesso, uma vez que tudo fica registrado no bloco, diminuindo o risco de plágios.

Com o objetivo de preservar os direitos de propriedade dos fotógrafos, a empresa Kodak anunciou a criação de um livro digital criptografado para armazenamento das fotos e por meio da criptomoeda KODAKCoin pretende pagar os fotógrafos quando a imagem for utilizada (TELE.SÍNTESE, 2018, on-line).

Vale frisar que a capacidade de rastrear mercadorias pode ajudar a detectar vazamentos nos sistemas de distribuição, além de auxiliar na identificação de atividades ilícitas, fazendo com que setores tradicionais adiram a tecnologia, como descrito na reportagem "Yes, These Chickens are on the Blockchain," publicada na Bloomberg Businessweek. Ao ser entrevistado, Frank Yiannas (2018, on-line, tradução da autora), vice-presidente de segurança e saúde alimentar da Walmart Inc., afirma que "Não há dúvidas sobre isso, o *Blockchain* fará pela rastreabilidade alimentar o que a internet fez pela comunicação4".

Pode-se observar que o uso da tecnologia *Blockchain* será capaz de redefinir a logística de vários segmentos mercadológicos.

Os bancos atuam como intermediários na economia global, gerenciando e coordenando o sistema financeiro por meio de seus registros internos. A tecnologia Blockchain tem o potencial de revolucionar essas operações.

Os bancos privados, após anos de resiliência e negação às criptomoedas, começaram a aplicar a tecnologia *Blockchain* em seus processos internos. As mesmas iniciativas estão em fase de teste no Banco Nacional de Desenvolvimento Econômico e Social (BNDES) e no Banco Central, o objetivo é garantir a segurança das transações internas e facilitar as transações internacionais.

O banco Santander lançou o produto "Santander One Pay FX", primeiro serviço de transferência para pessoa física que utiliza a tecnologia Blockchain no Brasil. Por meio dele é possível realizar transferências internacionais de forma rápida em até 2 (duas) horas, enquanto o prazo tradicional é de no mínimo 2 (dois) dias, uma vez que o dinheiro precisa circular entre instituições parceiras até chegar ao destinatário final

Já o banco JP Morgan, em 2019, criou e testou com sucesso uma moeda digital, o JPMCoin, com lastro em dólares americanos e projetada para facilitar pagamentos instantâneos entre clientes institucionais, o que pode reduzir o tempo típico de liquidação.

Na Europa, a Associação Bancária Italiana (ABI) implementou a tecnologia *Blockchain*

para executar reconciliações nos bancos italianos.

A tecnologia, sem sombra de dúvida, facilitará transações mais rápidas a custos mais baixos, aumentando o acesso ao capital e proporcionando

---

4   Do original em inglês: "There's no question about it, blockchain will do for food traceability what the internet did for communication".

maior segurança.

2.4 O fim do *bitcoin* ou a sua eternização: a história poderá se repetir?

A forma pela qual o *bitcoin* foi projetado remete a extração de ouro, ou seja, somente um número limitado e conhecido de *bitcoins* poderá ser minerado. Considerando que atualmente já foram minerados 18 (dezoito) milhões, a expectativa do último *bitcoin* ser minerado em 2140 é bem remota.

Se a potência de mineração total escalar a um nível bastante elevado, a dificuldade de minerar *bitcoins* aumentará tanto que encontrar o último "satoshi" será uma empreitada digital consideravelmente desafiadora.

Traçando um paralelo com a história do ouro, o *bitcoin* é "minerado" digitalmente tal e qual o ouro é extraído do solo, pois a escassez também foi programada gradativamente. Além do que, o "minerador" ganha uma recompensa pela extração, igualmente acontece com o ouro.

Ademais, os preços são delimitados pelo mercado e ambos são investimentos lucrativos e de alto risco, semelhantes na essência, diferentes em seus atributos.

A história demonstrou que o ouro, por décadas, foi uma das mais importantes moedas do mundo, sendo responsável pela uniformização da linguagem cambial ao unir vários países em um mesmo propósito.

Atualmente, com ou sem permissão governamental, o que é espantoso, o *bitcoin* é utilizado para realizar transações em esfera mundial. Independentemente da língua, crença ou ideologia, a moeda encontra-se ao alcance de todos e vem ganhando novos adeptos e mercados.

Afirma ainda Andreas M. Antonopoulos (2017, p. 19, tradução da autora), que existe apenas uma moeda de alcance internacional, o *bitcoin*, conforme descrito:

> Existem quase 200 moedas no mundo, mas há apenas uma moeda internacional. Existem quase 200 moedas controladas por bancos centrais e

governos, mas hoje existe apenas uma moeda matemática, que é o *bitcoin*5.

Claramente, vivencia-se nos dias atuais uma nova idade do ouro, todavia, de maneira digital. Ao considerar que o *bitcoin* se tornará escasso ao longo dos tempos, este será esquecido ou substituído, de forma semelhante ao que aconteceu com o ouro, ou será valorizado e eternizado?

Somente a história mostrará o desfecho dessa trajetória. A única certeza até a presente data é que o *bitcoin* foi a primeira moeda digital a funcionar plenamente, mas não será a última, e provavelmente seu legado será maior que sua própria história.

Se a história se repetir, o ouro digital, como é conhecido o *bitcoin*, um dia valerá mais que o próprio ouro, sua escassez é inevitável e sua eternização já se consagrou.

---

5 Do original em inglês: "There are almost 200 currencies of the world, but there's only one international currency. There are almost 200 currencies controlled by central banks and governments, but there is only one mathematical currency today, and that is *bitcoin*."

OS MECANISMOS DE FUNCIONAMENTO DO MERCADO DE CRIPTOMOEDA

3

3.1 A estruturação das carteiras *bitcoin*

Um aspecto importante em qualquer moeda é o seu valor. Como em outros mercados, o valor do *bitcoin* é definido livremente por meio da oferta e demanda, isso quer dizer que quanto maior a quantidade de pessoas comprando em relação a quem vende, maior será seu preço.

Considerando que cada país tem seu próprio valor de moeda, o valor pago pelo *bitcoin* no Brasil é diferente de outros países, visto que o mecanismo de funcionamento é parecido com o de uma Bolsa de Valores.

Por outro lado, uma novidade dessa moeda é a possibilidade de comercialização por meio de até 8 (oito) casas decimais. Se por acaso o valor do *bitcoin* for de R$ 14.000,00 (quatorze mil reais), é possível comprar R$ 100,00 (cem reais) em *bitcoin*, equivalente a 0,00714286 *bitcoin* ou "satoshi", como é conhecida a fração do *bitcoin*.

Outro aspecto importante é a Carteira *bitcoin*, a qual se trata de aplicativos de computador ou aparelho celular que permitem ao usuário receber e realizar pagamentos para outras pessoas. Traçando um paralelo com o mercado tradicional, seria como os dados bancários (conta e agência). Atualmente, existem três padrões de endereços de *bitcoin*, que são:

- 1BG9m8rRQ56mKLoSv4mevc1NRj7Q4VjrN3

- 3ArUKxW2UkNUtTQ2NzoP19u1f8eYtXxuoZ

- Bc1qf5cskj8lrz7m10h55ltak08wyp56h6dcdv8jny

Surgiu também a figura do "Dólar *bitcoin*", caracterizada pelo preço de troca de Real por *bitcoin* e em seguida, *bitcoin* por Dólar e vice-versa. No mercado convencional, essa operação é chamada de ágio ou deságio, ou seja, a diferença de valor de um ativo em relação ao seu preço. O ágio ocorre quando a porcentagem é paga acima do valor justo, e deságio, abaixo deste valor.

O valor do *bitcoin* base é o par com o Dólar, por isso é preciso verificar a cotação do Dólar e também a cotação do *bitcoin*. Percebe-se, portanto, que mesmo após a criação de uma nova moeda descentralizada, sem governo e sem regulamentação, o Dólar continua sendo utilizado.

O mercado de criptomoeda, com o passar dos tempos, foi se aperfeiçoando e criando conceitos e regras importadas do mundo financeiro. Sites especializados foram criados para compilar as informações e fornecer maior credibilidade e segurança, como o site www.bitvalor.com, que agrupa informações relevantes, por exemplo: volume negociado, preço, máximas e mínimas, e o ágio. Tais informações são extraídas das principais *exchanges* do Brasil, e de forma simples e prática informam o mercado, como mostra a Figura 2, a seguir.

Figura 2 – Página principal do site bitValor

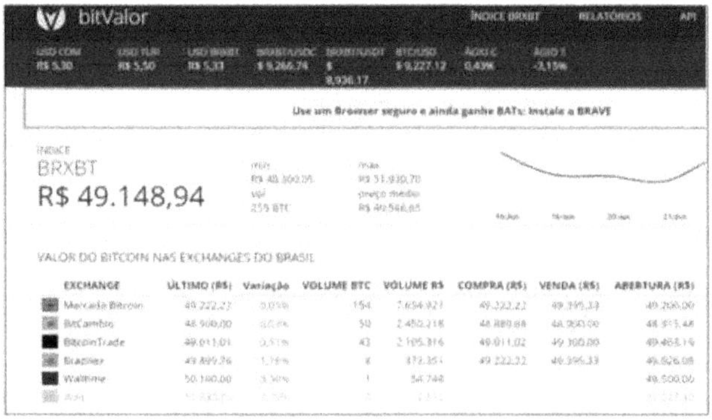

Fonte: www.bitvalor.com.br

O site apresenta uma visão consolidada do preço e o acompanhamento em tempo real da tendência do mercado, oferecendo aos usuários, comerciantes e meios de comunicação não envolvidos no cotidiano da operação, uma rápida análise do valor do *bitcoin*.

Vale dizer que um dos principais pilares do cálculo do Índice BRXBT (valor do *bitcoin* no Brasil) são as informações de negociações (trades) de cada *exchange*, compostas dos seguintes elementos:

> Frequência: o índice é atualizado em tempo real para representar a situação mais atual.
>
> Composição: apenas *Exchanges* que operam com o par BTC/BRL, divulgam todos os trades (não apenas um *ticker*) e aceitam depósitos e retiradas em Reais (R$) participam do índice.
>
> Cotação: é considerado apenas o valor do último trade da *Exchange* para compor o índice.
>
> Peso: o peso da cotação de cada *Exchange* no índice é equivalente á [sic] participação daquela *Exchange* no volume total de negócios em Reais nas últimas 24 horas (BITVALOR, 2020, on-line, grifo do autor).

Além da *exchange*, existem outras formas de comercializar ou simplesmente enviar/receber criptomoedas, como por exemplo, o *peer-to-peer* (P2P) e o *over-the-counter* (OTC).

3.2 Entendendo as formas de comercialização das criptomoedas

3.2.1 A importância das *exchanges*

O mercado de criptomoeda no mundo é impulsionado principalmente pelas chamadas *exchanges*. Tratam-se de empresas de corretoras de câmbio que comercializam criptomoedas com a possibilidade de conversão em moeda local.

Entretanto, as *exchanges* não compram e vendem moedas como acontece nas casas de câmbio tradicionais. Essas empresas realizam apenas a intermediação das transações por meio do *order book* (livro de ofertas ou de ordem).

Tal mecanismo é oriundo do mercado de ações e da Bolsa de Valores. No passado, quando não existiam mecanismos eletrônicos para registrar as transações, era necessário contar com um profissional que marcasse em um caderno todos os interesses dos investidores.

As *exchanges*, por meio de plataformas digitais, divulgam as ordens de compra e venda que estão em aberto. Essas ordens representam as intenções dos usuários de comprar ou vender determinadas quantidades de criptomoeda e seus respectivos valores. Por meio de um simples "clique" é possível realizar a operação em segundos.

As casas de câmbio oferecem também a modalidade *over the counter*, conhecida por Mercado de Balcão, igualmente importada do mercado de ações. Nessas transações, os volumes e preços são livremente negociados entre as partes, não havendo o livro de ofertas.

Normalmente, a mesa de operações é destinada a usuários que precisam negociar a partir de uma certa quantia, com rápida liquidez, a um preço fixo e com melhores taxas. Estima-se que os mineradores representam um segmento significativo de vendedores de mercado de balcão, enquanto os fundos de cobertura e os investidores institucionais estão entre os compradores.

Em suma, todos que desejam comprar ou vender grandes quantidades de criptomoedas aderem à negociação no mercado de balcão. No Brasil, a partir de R$ 50.000,00 (cinquenta mil reais) já é possível utilizar essa modalidade.

Outro mecanismo prático é a criação da carteira de *bitcoin* pela própria *exchange*. Por meio dela o usuário consegue receber a criptomoeda de qualquer lugar do mundo, diretamente na *exchange*, e em poucos minutos é possível vender, converter em moeda local e receber o valor diretamente na conta bancária.

Uma das grandes vantagens da criptomoeda em comparação às moedas fiduciárias é a transferência sem fronteiras, uma vez que é muito mais fácil, rápido e barato transferir fundos via criptomoeda usando uma exchange. Essa operação pode ser comparada com a transferência via tecnologia swift utilizada pelos bancos.

O Report on International *Bitcoin* Flows (2019) identificou que o Reino Unido é considerado o país com maior número de corretoras de criptomoedas do mundo, com 43 (quarenta e três) unidades, seguido dos Estados Unidos com 27 (vinte e sete), Hong Kong com 22 (vinte e dois), Cingapura com 19 (dezenove), enquanto o Brasil possui apenas 7 (sete).

O mesmo relatório aponta que o volume transacionado em 2018 pelas *exchanges* foi de $ 92.600.000.000 (noventa e dois bilhões e seiscentos milhões de dólares) e em 2019, Estados Unidos, Inglaterra, Hong Kong e Singapura foram os países que mais realizaram transferências internacionais de *bitcoin*.

No Brasil, entretanto, existem atualmente cerca de 30 (trinta) *exchanges* operando, considerando empresas brasileiras e estrangeiras.

No ano de 2019, por meio de levantamento realizado pelo site www.cointradermonitor.com.br, as *exchanges* participantes declararam ter movimentado o montante de R$ 10.796.501.996,32 (dez bilhões, setecentos e noventa e seis milhões, quinhentos e um mil, novecentos e noventa e seis reais e trinta e dois centavos). Destacam-se, pois, os seguintes aspectos:

> As *Exchanges* brasileiras declararam ter movimentado 369,357.544 *bitcoins* de 01/01/2019 a 31/12/2019 que, na cotação de 31/12/2019, equivale a R$ 10.796.501.996,32. A *Exchange* com maior volume foi a Mercado *Bitcoin* com 115,842.623 *bitcoins* negociados, correspondendo a 31,36% do mercado nacional. O dia que registrou a maior movimentação de *bitcoin* no país foi 26/06/2019 com 5,070.38 BTC. E o dia com menor movimentação foi 17/11/2019 com 113.43 BTC (CONTRADER MONITOR, 2020, on-line).

As corretoras cobram em média uma taxa de 1% (um por cento) do valor transacionado e caso o usuário solicite depósito em conta, é cobrado o valor da Transferência Eletrônica Disponível (TED), que gira em torno de R$ 20,00 (vinte reais), no entanto, com o PIX essa nova taxa poderá ser reduzida.

Tendo em vista o grande crescimento do mercado de corretoras no Brasil e os vultosos valores transacionados, em agosto de 2019 entrou em vigor a Instrução Normativa 1888/19 da Receita Federal do Brasil, que obriga as empresas a repassarem para o órgão todas as operações realizadas.

Outra medida importante para o setor, adotada no ano de 2020, foi a criação de uma Classificação Nacional de Atividades Econômicas (CNAE) específica para a atividade das casas de câmbio, o 6619-3/99 (Corretagem e custódia de criptoativos). Assim, as empresas não precisam mais utilizar o CNAE7490-1/04 (Atividades de intermediação e agenciamento de serviços e negócios em geral, exceto imobiliários).

Apesar de ser um pedido antigo do mercado de cripto, foi somente a partir de uma ação da Estratégia Nacional de Combate à Corrupção e Lavagem de Dinheiro (ENCCLA), órgão do Conselho Nacional de Justiça (CNJ), que houve a concretização.

3.2.2 Comercialização sem intermediários, o P2P

Satoshi Nakamoto (2008, p. 01) abriu seu white paper apresentando a ideia de um sistema sem intermediário, segundo o autor, "uma versão de dinheiro eletrônico puramente ponto-a-ponto permitiria que pagamentos on-line fossem enviados diretamente de uma pessoa para outra sem a necessidade de passar por uma instituição financeira".

Usuários que não querem ser intermediados por *exchanges* podem utilizar o P2P. Combinado à ideia de descentralização da *Blockchain*, esta forma de pagamento permite, de maneira simples, que uma pessoa transfira criptomoedas diretamente para outra e receba seu pagamento (TOLOTTI, 2020, on-line).

Um aspecto importante é ausência, tanto de taxas cobradas pelas *exchanges* quanto de dados coletados pelo governo. No Brasil, especificamente, a instrução normativa prevê o envio dos dados também pela operação P2P, mas na prática é impossível fiscalizar esse tipo de transação.

O risco da operação é o de uma pessoa transferir o criptoativo e não receber o dinheiro do outro lado, por isso, atualmente, plataformas têm diminuído riscos como este por meio de um sistema baseado em reputação, depósitos obrigatórios e até encontros face-to-face (pessoalmente) entre os usuários.

Outros usuários procuram esse tipo de operação, uma vez que não é preciso a realização do KYC (*know your client*), utilizado pela maioria das *exchanges* como práticas e políticas de compliance oriundas do mercado financeiro. Tratam-se de mecanismos que buscam identificar e cadastrar todos os usuários e seus documentos pessoais com objetivo de coibir fraudes e lavagem de dinheiro.

Efetivamente, é nesse tipo de operação que existe o maior risco de lavagem de dinheiro, tendo em vista que não há um agente que possa examinar as operações suspeitas e reportá-las.

Insta apregoar que as operações não são anônimas, como muitos imaginam, uma vez que o fluxo de transações é todo registrado na Blockchain, no entanto, garantem um grau de privacidade acentuado em termos de persecução penal.

Segundo Heloisa Estellita, no ensaio sobre Criptomoedas e lavagem de dinheiro (2020, p. 07), o *bitcoin* possui relativamente as funções do dinheiro, senão vejamos:

> O dinheiro tem três funções: meio de troca e de pagamento, unidade de conta e reserva de valor. A função de meio de troca e de pagamento se mostra na possibilidade de adquirir e pagar por mercadorias e serviços. Essas possibilidades estão presentes relativamente aos BTCs. A função de unidade de conta manifesta a possibilidade de que o valor de bens e mercadorias

possa ser expresso em dinheiro. O BaFin, como vimos, classificou os BTCs como unidades de conta. Embora seu valor seja altamente flutuável, valores de bens e mercadorias podem ser expressos em BTCs. Sob o aspecto da fungibilidade, é duvidoso que os BTCs sejam fungíveis. Isso porque eles guardam consigo toda a sua história de transações, e, assim, não são, a rigor, fungíveis no sentido de poderem ser trocados por outros da mesma espécie. Na prática, porém, são negociados e trocados como se fungíveis fossem. A função de reserva de valor implica que o dinheiro possa ser usado também no futuro como meio de troca e de pagamento. Embora o BTC esteja sujeito a uma alta flutuação, especialmente em virtude da inexistência de uma autoridade central que possa tomar medidas para sua estabilidade, ele sem dúvida pode ser usado no futuro como meio de troca e de pagamento, ainda que sujeito a diversas limitações.

Dessa maneira, o BTC goza de todas as características para ser considerado objeto das condutas provenientes da prática de infrações penais elencadas art. 1º, caput, Lei n. 9.613/1998.

Assim, ainda que não se tenha lei que defina criptomoedas, sugere-se que, no estágio atual, devam ser tratadas como "coisas incorpóreas, mais especificamente, um domínio eletrônico com valor abstrato ao qual se atribui direito de propriedade" (STELLA, 2017, p. 161).

3.3 Os fatores que influenciam a valorização ou queda das criptomoedas

Um dos conceitos mais clássicos da economia, comumente aplicado ao mercado tradicional, também traduz a realidade do mundo cripto: a lei da oferta e demanda. Para definição do preço, é traçada uma linha entre a procura por parte dos compradores e a oferta dos vendedores. Um aspecto inerente a esse conceito é a utilização cada vez maior da moeda para aquisição de bens de serviço/consumo, o que aumenta sua procura.

No dia 22 de maio de 2010, foi realizada a primeira compra de uma mercadoria utilizando a moeda *bitcoin*, duas *pizzas*, que juntas custaram dez mil *bitcoins*. Esse dia ficou mundialmente conhecido pelo nome de "*Bitcoin*

Pizza Day".

Desde então, o interesse das pessoas em adquirir criptomoedas e usá-las em transações cotidianas tem aumentado espantosamente, uma vez que estabelecimentos comerciais passaram a aceitá-las. Com isso, a volatilidade é fortemente influenciada por esse aumento de interesse.

Além do mais, é possível citar outros fatores que afetam fortemente esse mercado, por exemplo, a cotação do dólar, o cenário político, regulamentações e as crises econômicas. Cada país tem a sua própria cotação do *bitcoin*, baseada em suas interferências internas, porém acompanhando a oscilação global.

Neste diapasão, as influências sofridas por esse mercado são praticamente as mesmas do mercado financeiro tradicional. No entanto, existem outras questões intrínsecas do setor que também causam oscilação. Por se tratar de uma moeda digital e depender da rede de internet, ataques de hackers a *exchanges* já causaram abalos e grandes desvalorizações. Outro aspecto tecnológico que também influencia é o *having*6 do *bitcoin* (redução sistêmica de *bitcoins* que acontece a cada 4 anos).

Nota-se ainda que a oscilação do preço do *bitcoin* acaba influenciando as demais moedas digitais, ainda que não tenham nenhuma ligação com o *bitcoin*.

3.4 O pagamento de salários por meio de criptomoedas

Com o passar do tempo, a popularização das moedas vem se intensificando cada vez mais, não apenas como forma de pagamento, mas também

---

6   O *having* do *bitcoin* é uma característica do código da criptomoeda, diferentemente dos sistemas monetários atuais que imprimem dinheiro, o *bitcoin* reduz sua emissão a cada 4 anos. Até o momento foram 2 halvings, o primeiro aconteceu em 2012 e o segundo em 2016, em ambos os casos, o valor do *bitcoin* subiu consideravelmente e mudou seu patamar de preço.

como forma de investimento, atraindo, assim, diversos públicos.

Nessa esteira, o pagamento de salários por meio de criptomoeda é um grande atrativo para as empresas de tecnologia, área considerada disruptiva. Todavia, de maneira similar, essa prática tem se expandido para empresas de outros setores.

Por meio de plataformas digitais e com o auxílio da tecnologia Blockchain, é possível realizar o pagamento de salários ao redor do mundo. Esse tipo de serviço é oferecido, por exemplo, pelo site www.bitwage.com.

Tal empresa possibilita que o colaborador tenha a opção de escolher em quais moedas deseja receber seu salário, criptomoeda ou fiduciária, podendo até optar por ambas, proporcionando uma maior flexibilidade no recebimento.

Na prática, após checagem do KYC, o colaborador cadastra na plataforma os dados da carteira de criptomoedas, os dados bancários e o percentual de cada operação, e a empresa realiza as transações e envia os comprovantes para o empregador.

É possível citar algumas vantagens oferecidas para o empregador, por exemplo: não há distâncias a impedir o pagamento, a rapidez das transações, a facilidade de pagamento em qualquer dia e hora da semana e a comprovação do recebimento via comprovante hash.

Vale ressaltar que o *hash* é um importante aliado para garantir a característica mais importante da rede, a confiabilidade.

Para Drescher (2018, p. 83), "as funções *hash* são pequenos programas de computador que transformam qualquer tipo de dado em um número de tamanho fixo, independentemente dos dados de entrada."

Dessa maneira, a informação pode ser validada de forma independente por qualquer pessoa que a possua, com a garantia tecnológica de autenticidade. Um exemplo de *hash* é o endereço mostrado a seguir:

- https://live.block-
  cypher.com/btc/tx/3e0510215df1d1892aa71c60518efbbc2947cf
  4 903483a7b24a34d97259edc58/

Ao clicar, ocorre o direcionamento à página na qual a transação foi realizada e que contém todas as informações relevantes (data, valor, carteiras, taxas). Por estar registrada no *Blockchain*, não pode ser removida ou alterada.

Alguns países já aderiram a esse modelo, como é o caso da Suíça, Nova Zelândia, Japão e Estônia. O recolhimento de imposto e a declaração são obrigatórios na Suíça, assim como acontece com os salários fiduciários. Na Nova Zelândia, uma agência governamental indicou salários pagos em criptoativos em seus documentos oficiais, autorizando as demais empresas a realizarem essa prática, desde que retenham devidamente os impostos correspondentes. No Japão, primeiro país a implementar regulações ao setor de criptomoedas, a empresa japonesa de internet GMO anunciou que seus quase 5 (cinco) mil funcionários poderão receber parte de seus salários em criptomoedas. Já a Estônia, considerada uma das sociedades digitais mais avançadas do setor, comumente compensa ou incentiva parcialmente seus funcionários com criptomoedas e *tokens* (BASTIANI, 2019a, on-line).

No Brasil, a realidade não é diferente, já que uma vasta gama de trabalhadores remotos da área de tecnologia recebe salários por meio de criptoativos. Na sua maioria, são profissionais que atuam em grandes empresas fora do país e buscam nessa modalidade de recebimento a rapidez e os baixos custos operacionais relacionados a remessa internacional.

Um dos segredos desse tipo de remuneração é a indexação dos salários em dólar ou na moeda local de cada país e a conversão em criptomoeda na data do pagamento. Com isso, não há prejuízo ao colaborador devido à volatilidade do mercado, o que assegura ao empregador o devido cumprimento do contrato de trabalho.

Há empresas que utilizam a criptomoeda como forma de remuneração e assim, criam sua própria moeda e por meio de *token* (local para armazenamento de criptomoedas), disponibilizam aos colaboradores como se fosse ações. Essa é uma opção, inclusive, para empresas que não abriram o capital.

Porém, há um grande entrave na legislação trabalhista com relação ao tema, pois de acordo com o Art. 463 da Consolidação das Leis Trabalhistas (CLT), os salários devem ser pagos na moeda corrente do país. Tal questão dificulta a adoção em massa dessas modalidades, causando severa preocupação para os empregadores, já que as ações trabalhistas implicam ainda em grandes riscos financeiros para as empresas.

3.5 O surgimento e crescimento de novas moedas, uma realidade mundial

Atualmente, existem diversas criptomoedas ao redor do mundo e novas são criadas frequentemente. Enganam-se os que creem que o maior volume de negociações foi do *bitcoin* no ano de 2019, pois o volume diário e mensal da criptomoeda Tether superou a famosa moeda mencionada. Foram cerca de U$ 21 (vinte e um) bilhões ao dia, conforme noticiado:

> Embora seja difícil obter números concretos sobre os volumes de negociação neste lado obscuro das finanças, os dados da CoinMarketCap.com mostram que a ficha com o maior volume de negociação diário e mensal é Tether, cuja capitalização de mercado é mais de 30 vezes menor. O volume do Tether ultrapassou o do *Bitcoin* pela primeira vez em Abril e tem excedido consistentemente desde o início de Agosto em cerca de 21 mil milhões de dólares por dia, diz o fornecedor de dados (KHARIF, 2019, on- line, tradução da autora).[7]

---

7   Do original em inglês: "While concrete figures on trading volumes are hard to come by in this often murky corner of finance, data from CoinMarketCap.com show that the token with the highest daily and monthly trading volume is Tether, whose market capitalization is more than 30 times smaller. Tether's volume surpassed that of *Bitcoin*'s

Assim, o Tether é a *stablecoin* (moeda estável) mais usada no mundo. Trata-se de uma categoria de *token* que evita flutuações em seu preço. Normalmente, as *stablecoins* são atreladas a alguma moeda tradicional (como dólar, euro ou real), a fim de se manterem estáveis. No caso do Tether, a "amarra" é feita com o dólar americano, mantendo o valor de conversão próximo de 1 para 1. A moeda é controlada pela Tether Limited, uma empresa baseada em Hong Kong. Outras *altcoins* foram listadas em 2020 no *ranking* das mais valorizadas, como a ZAP, KIN, ZIL, THETA, RSR e SNX (HENRIQUE, 2020, on-line).

No Brasil, em 2019, foram listadas aproximadamente 30 (trinta) criptomoedas, que são: *EcoChain, Moeda Verde, Takion, ABC Coin, Zcore, Brazio, AdvertCoin, RDCToken, Auctus, Legion, MarketCash, Lunes, Niobium, Nióbio Cash, Blood, Donations, Coin, Criptoreal, MarteXcoin, Epacoin, BZLcoin, WcoinCrafty, RealBRL, eReal, Digimoney, Dilma Coin, RippedCoin, NioShares e a Nano.* Cada criptomoeda possui uma particularidade, algumas com propostas bem definidas e com projetos sólidos e outras, nem tanto (NUNES, 2019a, on-line). Por outro lado, países como a China e a Suécia pretendem lançar sua própria criptomoeda, permitindo assim a livre negociação desta ao redor do mundo sem entraves burocráticos e facilitando o comércio mundial.

A criptomoeda Libra da empresa Facebook promete revolucionar a estrutura financeira mundial e desafiar o direito econômico. Com uma base de usuários de 2,4 bilhões de pessoas ao redor do mundo, o Facebook, por meio da Libra, objetiva criar mais acesso a serviços financeiros melhores, mais baratos e abertos, sem se importar onde o indivíduo está ou mora, o que faz ou quanto tem. E, diferentemente das criptomoedas tradicionais do mercado, conterá lastro e reserva. A tecnologia que permitirá essa inovação será baseada no *Blockchain*.

---

for the first time in April and has consistently exceeded it since early August at about $21 billion per day, the data provider says".

A estratégia adotada para a construção da Libra é audaciosa, o projeto já recebeu um aporte de 200 (duzentos) milhões de dólares de grandes empresas, tal investimento se deu através da emissão de token do projeto. Foi criada ainda a Libra Association, organização independente sem fins lucrativos com sede na Suíça, composta por essas empresas que serão as responsáveis pela criação, desenvolvimento, manutenção e diretrizes da moeda. O Facebook passa, portanto, a ser apenas mais um membro e todas as decisões são tomadas em conjunto (CUNHA, 2019, on-line).

A criação de um sistema simples que ofereça fungibilidade semelhante ao dinheiro, com alcance global, poderá acarretar inúmeros impactos na ordem econômica, tanto local quanto mundial, e será necessária a adoção de regulamentações jamais enfrentadas antes, impactando diretamente a esfera do direito econômico.

AS POSSIBILIDADES DE TRIBUTAÇÃO NAS TRANSAÇÕES COM CRIPTOMOEDA

4

4.1 Os desafios da tributação

Usualmente, o patrimônio, a renda e o consumo são bases de incidência tributária e, antes de verificar quais são as implicações fiscais para as criptomoedas, é necessário determinar, se possível, a sua natureza jurídica.

É possível serem consideradas "dinheiro"? Podem ser tratadas da mesma maneira do euro (EUR) ou dólar (USD)? Podem ser consideradas como ativo financeiro ou bem? Esses são os desafios enfrentados atualmente por todos os países. Qual posição governamental adotar sobre o tema? Não existe, ainda, um consenso global, cada um adéqua o conceito que lhe é mais favorável, quando assim o faz.

Nessa celeuma, pode-se observar que são vários os tipos de enquadramentos possíveis, por exemplo: dinheiro, dinheiro eletrônico, produto financeiro, mercadoria, título ou valor mobiliário, bem, ativo ou produto. Categorias essas que o direito e, por consequência, o direito tributário, atuam.

Notadamente, é possível descartar a tese do dinheiro, uma vez que este, para fins legais, tem três recursos adicionais: status de curso legal, gestão central e um suporte físico (moedas e notas). Embora as criptomoedas sejam projetadas para atuar como uma moeda tradicional, não tem subsídios para tal.

Em especial, o *bitcoin*, que mesmo não constituindo-se como dinheiro (seja no aspecto econômico ou jurídico), não há impedimentos para tributação dos lucros.

Nessa linha, é possível observar a relação das criptomoedas com a tributação sobre a renda (Income taxes) e a tributação sobre o consumo (*Consumption taxes — Value added- taxes*/Imposto sobre Valor Agregado [VAT/IVA] ou Goods and services taxes [GST]).

Nos Estados Unidos, de acordo com o *Internal Revenue Code* (IRC), as receitas de qualquer fonte derivada estão sujeitas a impostos. Assim, o recebimento de *bitcoins* dá origem à receita bruta. Com isso, a declaração no imposto de renda é obrigatória, no entanto, a IRC planeja alterar o formulário de imposto de renda de 2020. Numa tentativa de descobrir quem ignora as regras fiscais, será inserida uma pergunta na primeira página da declaração questionando o contribuinte "se no ano de 2020 vendeu, comprou, recebeu ou enviou qualquer valor em moedas virtuais", haverá possibilidades de respostas: "sim" ou "não". A declaração é assinada sob pena de perjúrio, assim, mentir poderá causar sérios problemas judiciais (SAUNDERS, 2020, on-line, tradução da autora8).

Na Alemanha, o imposto de renda tem sete categorias de receitas e não há disposição de tributação sobre a renda de qualquer fonte derivada, ou seja, se a renda não cair em qualquer uma das categorias, o contribuinte não estará sujeito ao imposto de renda. Entre os benefícios que não estão cobertos, destacam-se: presentes, prêmios na loteria, prêmios concedidos por realizações pessoais ou uma participação em evento.

As receitas geradas por transações de *bitcoin* podem ser classificadas como receitas comerciais ou receitas diversas, sendo que, desde 2011, as criptomoedas foram classificadas como instrumentos financeiros pela autoridade federal de supervisão financeira, o BaFin (*Bundesanstalt für Finanzdienstleistungsaufsicht*), incluindo-as na subcategoria chamada de

---

8   Do original em inglês: "At any time during 2020, did you sell, receive, send, *exchange* or otherwise acquire any financial interest in any virtual currency?"

"unidade de contas", uma categoria específica do país que não é baseada na legislação da UE (BAL, 2015, p. 271).

Pode-se concluir que a renda na forma de criptomoedas é passível de tributação. No entanto, o fato de que a renda é tributária não significa que seja realmente tributado, uma vez que os contribuintes, por deliberação própria, não façam a declaração, sabendo que é improvável que esse descumprimento seja detectado e punido, motivo pelo qual, conforme apontado anteriormente, que os Estados Unidos pretendem mudar o formulário do imposto de renda.

Outro desafio que a área tributária enfrenta são as operações realizadas entre os particulares, haja vista que não dependem de *exchanges*, assim, é praticamente impossível rastreá-las, outra dificuldade é a possibilidade do anonimato.

Entretanto, tal prática também é empregada na moeda tradicional nessas mesmas condições. Com isso, a rastreabilidade e a origem do dinheiro são questões de investigação para demonstrar o nexo de causalidade e confirmar, se for o caso, os indícios de crimes.

No tocante à aplicabilidade das criptomoedas no imposto sobre o consumo, o mais conhecido e utilizado mundialmente em mais de 150 (cento e cinquenta) jurisdições (OCDE, 2012) é o imposto sobre o valor agregado.

Esse imposto é muito adotado na Europa, uma vez que surgiu na França na década de 30 visando evitar a cobrança de impostos nas diferentes etapas do processo de produção e da comercialização de produtos, impedindo, assim, o efeito cascata. Porém, somente no ano de 1954 foi efetivamente instituído como *taxe sur la valeur ajoutée* (taxa sobre o valor agregado) (DERZI, 1999, p. 63).

Segundo Aleksandra Bal (2015, p. 273-281), as principais problemáticas práticas enfrentadas pelo comércio de moedas digitais na aplicabilidade do IVA na Europa (EU) relacionam-se primeiramente com o conceito de sujeito passivo definido no artigo 9º da Diretiva IVA (2006/112), que classifica como "quem exerce de forma independente, em qualquer lugar, qualquer atividade econômica, seja qual for a finalidade ou resultado dessa atividade", ou seja, a definição é muito ampla e carece de clareza.

A outra problemática relaciona-se à localização, tendo em vista que a determinação primária do âmbito territorial da cobrança do IVA é por referência ao local da transação, algo que em um cenário business to consumer (B2C) é difícil de estabelecer. O Regulamento de Execução do IVA recomenda determiná-lo com base em duas evidências tradicionais (como dados bancários e endereço IP). No entanto, não está claro o que deveria ser feito se as duas evidências fossem contraditórias ou não fosse possível encontrá-las. Assim, recomenda-se que os fornecedores continuem procurando. Acredita-se, ainda, que no âmbito da troca de *bitcoins* para a moeda tradicional pode ser enquadrado como isento, mas os fornecimentos de bens e serviços estão sujeitos ao IVA, como o fez a autoridade fiscal do Reino Unido (*Her Majesty's Revenue and Customs* – HMRC).

Em 2015, essa questão foi objeto de julgamento da Corte de Justiça da União Europeia. Por meio de um caso da agência fiscal da Suécia (Skatteverket) discutiu-se a incidência do IVA em operações de *exchanges* de criptomoedas.

O Tribunal se manifestou no sentido de que essas operações não cabem no conceito de "entrega de bens", haja vista que não se qualificam como "bens corpóreos", tratando-se de serviços, sujeitas à isenção quando realiza câmbio para a moeda tradicional, conforme fundamento exposto a seguir:

> [...]
>
> O artigo 135.º, n.º 1, alínea e), da Diretiva 2006/112 deve ser interpretado no sentido de que prestações de serviços como as em causa no processo principal, que consistem no câmbio de divisas tradicionais por unidades da divisa virtual «bitcoin», e vice versa, efetuadas mediante o pagamento de uma quantia correspondente à margem constituída pela diferença entre, por um lado, o preço pelo qual o operador em causa compra as divisas e,

por outro, o preço a que as vende aos seus clientes, constituem operações isentas de imposto sobre o valor acrescentado, na aceção dessa disposição.

Em 2018, o Ministério das Finanças da Alemanha emitiu algumas orientações sobre o tratamento do IVA, sobre o qual entendeu que: a troca de criptomoeda por moeda fiduciária e vice-versa são isentos de tributos; o mero uso como meio de pagamento é isento; a mineração não é considerada uma atividade tributável; a oferta de serviços de carteira digital em troca de contraprestação e plataformas de troca são atividades tributáveis, quando o serviço é oferecido na Alemanha. Além disso, corroborou o entendimento de que as transações em criptomoedas podem sujeitar-se ao imposto de renda, desde que o vendedor seja residente fiscal na Alemanha (HENKELMANN; DAHMEN, 2020, on-line).

No entendimento de Guilherme Broto Follador (2017, p. 89):

> Somente são tributáveis (*taxable persons*) pelo IVA (VAT) e congêneres as pessoas habitualmente voltadas à realização de operações do gênero — ou melhor, as pessoas que fornecem bens e serviços na base de uma atividade econômica — as vendas, puras e simples, de moedas virtuais, entre particulares, tendem a ser vistas como não tributáveis pelos impostos sobre o consumo. Então, mesmo que se entenda, no futuro, por afastar a aplicação dessas isenções, a troca, entre particulares, de criptomoedas por dinheiro, que não constitua relação comercial ou de consumo, tenderá a ser vista como não tributável.

Na Austrália, o *bitcoin* e as demais criptomoedas eram tratados como propriedade intangível, mas estava ocasionando a bitributação. Dessa forma, em 2017, por meio do comunicado do informe orçamentário (Budget 2017-18), o governo alterou o tratamento das criptomoedas com dinheiro para fins de recolhimento do tributo GTS (se assemelha ao ICMS), conforme demonstrado:

> O governo irá alinhar o tratamento GST da moeda digital (como *bitcoin*) com dinheiro a partir de 1 de julho de 2017. A moeda digital é atualmente tratada como propriedade intangível para fins de GST. Conseqüentemente,

os consumidores que usam moedas digitais como forma de pagamento podem efetivamente arcar com o GST duas vezes: uma na compra da moeda digital e novamente em seu uso em troca de outros bens e serviços sujeitos ao GST essa medida vai garantir que as compras de moeda digital não estejam mais sujeitas ao GST (COMMONWEALTH OF AUSTRALIA, 2017, p. 22-23, tradução da autora9).

No tocante à questão dos mineradores, para Von Unruh (2015, p. 27, tradução da autora10), a atividade de mineração também é isenta de tributação na medida que "[...] faltam duas partes identificáveis como participantes da transação".

De modo geral, os países caminham paulatinamente para encontrar soluções jurídicas de âmbito tributário para o enquadramento das operações relacionadas às criptomoedas, objetivando exercerem o controle, a fiscalização, e principalmente, a arrecadação de tributos.

No Brasil, o sistema tributário tem caráter rígido, complexo e de repartição de competências, o que, inicialmente, poderá acarretar dificuldades para a implantação de regras para tributação do setor.

Insta apregoar que a Constituição Federal, no artigo 21, inciso VII, determina que é de competência da União a emissão de moeda e os regramentos foram dispostos na Lei nº 9.069/95. Dessa forma, no Brasil a moeda é instituída por imposição legal.

Já a Lei nº 12.865/13 trouxe o conceito de moeda eletrônica, não regulando as moedas virtuais, conforme segue:

---

9 Do original em inglês: "Government will align the GST treatment of digital currency (such as *Bitcoin*) with money from 1 July 2017.Digital currency is currently treated as intangible property for GST purposes. Consequently, consumers who use digital currencies as payment can effectively bear GST twice: once on the purchase of the digital currency and again on its use in *exchange* for other goods and services subject to GST, this measure will ensure purchases of digital currency are no longer subject to the GST."

10 Do original em inglês: "... it lacks two identifiable parties as participants in the transaction".

Art. 6º Para os efeitos das normas aplicáveis aos arranjos e às instituições de pagamento que passam a integrar o Sistema de Pagamentos Brasileiro (SPB), nos termos desta Lei, considera-se:

[...]

VI - moeda eletrônica - recursos armazenados em dispositivo ou sistema eletrônico que permitem ao usuário final efetuar transação de pagamento.

A distinção entre o conceito jurídico e o conceito econômico da moeda foi aclarada pelo Supremo Tribunal Federal (STF), o qual afirmou que para fins jurídicos importa o conceito jurídico. Assim discorreu seu voto o Ministro Eros Grau:

15. A suspensão da conversibilidade da moeda jamais impediu fossem, aquelas funções, correntemente instrumentadas. Circulação e aceitação da moeda não encontram fundamento no lastro metálico que suportaria a sua conversão ou no material de cunhagem de peças monetárias. A desmaterialização que caracteriza a evolução das suas formas de moeda decorre da circunstância de a circulação monetária estar ancorada na definição, pelo direito posto pelo Estado, de determinado instrumento ou padrão como moeda. Os enunciados legais, contratuais, obrigacionais, as condenações cíveis, trabalhistas, penais --- de cunho pecuniário --- a generalidade das manifestações jurídicas que encerram aferição patrimonial somente se pode efetivar mediante alusão ao padrão definido como moeda pelo direito positivo. Eis aí, então, a moeda como padrão de valor, padrão de que apenas se pode e deve utilizar nos limites e sob estritas condições definidas pelo direito positivo. (SUPREMO TRIBUNAL FEDERAL, RECURSO EXTRAORDINÁRIO N 478.410/2010, p. 08).

Nessa ótica, toda moeda é definida pelo direito positivo. Em um segundo momento, ainda fez a seguinte contribuição:

O curso legal é determinante e condicionante das duas funções básicas da moeda: a de instrumento de pagamento e a de padrão de valor. A suposição de que o curso legal respeite apenas ao dinheiro fisicamente considerado, sem afetar a função, da moeda, de padrão de valor, não é correta.

Outro ponto relevante é o conceito de tributo definido no artigo 3º do Código Tributário Nacional, como sendo "[...] toda prestação pecuniária compulsória, em moeda ou cujo valor nela se possa exprimir [...]". Essa segunda parte poderá abrir brechas para uma possível tributação das criptomoedas.

Por outro lado, o artigo 162, do mesmo diploma legal, em seus incisos I e II, impossibilita o pagamento do tributo através de criptomoeda, algo que já ocorre em alguns estados dos Estados Unidos.

Na esfera da tripartição da competência de tributação sobre o consumo, faz incidir exações na esfera federal (IPI), estadual (ICMS) e municipal (Imposto sobre Serviços de Qualquer Natureza - ISSQN). Sem contar que, se for classificado como bem de valor econômico, é passível a tese de incidência de tributos na transmissão, como é o caso do Imposto sobre Transmissão Causa Mortis e Doação de Quaisquer Bens ou Direitos.

Partindo dessas premissas, é pertinente a análise da tributação das criptomoedas à luz do Sistema Tributário Nacional.

4.1.1 Incidência no Imposto sobre Produtos Industrializados – IPI

O IPI é de competência da União Federal e tem previsão legal nos artigos 153, inciso IV da Constituição Federal e 46 a 51 do Código Tributário Nacional. É objeto de repartição tributária na forma dos artigos 157 a 150 da Constituição Federal.

Classifica-se como o imposto sobre produção e circulação, tendo em vista que incide sobre as operações com produtos industrializados e não sobre o processo de industrialização.

Segundo Eduardo Domingos Bottallo (2002, p. 38):

> O IPI incide sobre operações praticadas com produtos industrializados. Nos termos da Constituição, ele deve ter por hipótese de incidência o fato de alguém industrializar produto e levá-lo para além do estabelecimento

produtor, por força da celebração de um negócio jurídico translativo de sua posse ou propriedade.

A produção da criptomoeda, em especial do *bitcoin*, é realizada a partir de cálculos matemáticos que foram programados pelo seu idealizador Satoshi Nakamoto. Com isso, para os mineradores extraírem as moedas da internet precisam de "supercomputadores" que resolvam esses cálculos.

Neste diapasão, pode-se concluir que não há incidência desse imposto na mineração de criptomoedas, uma vez que não podem ser consideradas "produtos industrializados", sem contar que tal operação não encontra-se listada na Tabela de Incidência do Imposto sobre Produtos Industrializados (TIPI), o que ocasionaria, se fosse o caso, o não cumprimento do Princípio da Tipicidade Tributária.

4.1.2 Incidência no Imposto sobre operações relativas a mercadorias e sobre prestações de transporte interestadual e intermunicipal e de comunicação - ICMS

O ICMS é de competência dos Estados e do Distrito Federal, tem previsão legal nos artigos 155 inciso II e seus §§2º,3º,4º e 5º, no art. 158 inciso IV, e no art. 147 (competência cumulativa), todos da Constituição Federal.

No âmbito do Código Tributário Nacional, os arts. 52 ao 58 foram revogados, cabendo à lei ordinária de cada Estado e do Distrito Federal regular, tem repartição com municípios. Esse imposto possui uma característica especial, as edições de Convênios Conselho Nacional de Política Fazendária (CONFAZ) para a concessão de benefícios fiscais.

Primeiramente, é preciso entender o conceito de "mercadoria", que segundo Hely Lopes Meireles:

> [...] é toda coisa oferecida ao consumidor através da circulação econômica; enquanto a coisa não é posta em circulação econômica, não é mercadoria. O que caracteriza a mercadoria é a existência de um bem material posto em circulação econômica, para o consumo, mediante remuneração

(MEIRELES, 1973, p. 45).

Dessa forma, entende-se como um bem com características móveis e adquirido com a finalidade exclusiva de revenda, o que daria ensejo à tributação do ICMS.

Por outro lado, a noção constitucional de "mercadoria", para fins do ICMS, já foi objeto de discussão, principalmente envolvendo o tema *software*, quando em 2010, ao julgar medida cautelar na Ação Direta de Inconstitucionalidade nº. 1.945, o STF entendeu que a ausência de um bem corpóreo não seria relevante para afastar a cobrança do ICMS, conforme segue:

> [...] Inexistência de bem corpóreo ou mercadoria em sentido estrito. Irrelevância. O Tribunal não pode se furtar a abarcar situações novas, consequências concretas do mundo real, com base em premissas jurídicas que não são mais totalmente corretas. O apego a tais diretrizes jurídicas acaba por enfraquecer o texto constitucional, pois não permite que a abertura dos dispositivos da Constituição possa se adaptar aos novos tempos, antes imprevisíveis.

Nessa linha, preliminarmente, é preciso analisar se o conceito de bens incorpóreos atende a identificação das criptomoedas como "mercadorias", posto que, efetivamente, quando se aliena uma criptomoeda podem não estar fisicamente no servidor de seu titular, mas, simultaneamente, no *Blockchain*.

Quando utilizado como pagamento ou permuta por mercadoria, a priori, não ensejaria o ICMS, uma vez que não consistiria em mercadoria, mas em simples meio de pagamento.

Por outro lado, o Convênio ICMS nº. 106 de 2017 do CONFAZ, procurou suprir uma lacuna ao estabelecer diretrizes para a tributação de bens digitais sem suporte físico, trazendo diversas inovações para a matéria, senão vejamos:

> Cláusula primeira: As operações com bens e mercadorias digitais, tais como

softwares, programas, jogos eletrônicos, aplicativos, arquivos eletrônicos e congêneres, que sejam padronizados, ainda que tenham sido ou possam ser adaptados, comercializadas por meio de transferência eletrônica de dados observarão as disposições contidas neste convênio.

Cláusula segunda: As operações com os bens e mercadorias digitais de que trata este convênio, comercializadas por meio de transferência eletrônica de dados anteriores à saída destinada ao consumidor final ficam isentas do ICMS.

Cláusula terceira: O imposto será recolhido nas saídas internas e nas importações realizadas por meio de site ou de plataforma eletrônica que efetue a venda ou a disponibilização, ainda que por intermédio de pagamento periódico, de bens e mercadorias digitais mediante transferência eletrônica de dados, na unidade federada onde é domiciliado ou estabelecido o adquirente do bem ou mercadoria digital.

Dessa forma, a responsabilidade pelo recolhimento do ICMS cabe a quem realiza a oferta, venda ou entrega do bem ou mercadoria digital. Outrossim, se as criptomoedas forem classificadas como mercadoria digital será possível a cobrança do tributo.

4.1.3 Incidência no Imposto sobre Operações Financeiras - IOF

O IOF é de competência da União Federal e tem previsão legal nos artigos 153, inciso V da Constituição Federal e 63 a 66 do Código Tributário Nacional, não permite a repartição tributária.

Foi classificado como imposto sobre a circulação da riqueza, uma vez que incide sobre operações de crédito, câmbio, seguros e títulos ou valor mobiliário, e tem característica extrafiscal, pois serve como um tipo de controle da União na economia.

Conforme o Decreto 6306/2007, o elemento objetivo do IOF possui vários núcleos que incidem sobre quatro bases econômicas. Uma delas é chamada de IOF-Câmbio, que concerne sobre operações de câmbio, por exemplo, a compra e venda de moeda estrangeira ou nacional, cujo fato gerador é a entrega da moeda e a base de cálculo é o valor da operação.

Nesse raciocínio, se as criptomoedas forem equiparadas às moedas estrangeiras, seguindo as regras do IOF-câmbio, será possível a tributação desse imposto.

A semelhança das operações realizadas pelas *exchanges* de criptomoedas com o mercado tradicional de câmbio é um fator a ser considerado, pois ocorre que as funcionalidades e aplicabilidades vão muito além desse mercado específico, o que dificultaria essa classificação como moeda estrangeira.

4.1.4 Incidência no Imposto sobre a Renda e Proventos de Qualquer Natureza – IR

O IR é de competência da União Federal e tem previsão legal nos artigos 153, inciso III da Constituição Federal e 43 e seguintes do Código Tributário Nacional, permite a repartição tributária.

A base de cálculo está ligada ao princípio da capacidade contributiva e, assim, está pautada no acréscimo do patrimônio.

Para Leandro Paulsen e José Eduardo S. Melo (2014, p. 50), "o termo renda deve ser compreendido como sendo o acréscimo patrimonial decorrente do capital ou do trabalho, enquanto, os proventos são os acréscimos decorrentes de uma atividade que já tenha cessado."

A Receita Federal do Brasil foi o primeiro órgão a tributar as criptomoedas, descrevendo em seu Manual Imposto Sobre a Renda – Pessoa Física: Perguntas e Respostas, que:

> Os ganhos obtidos com a alienação de moedas virtuais (*bitcoin*s, por exemplo) cujo total alienado no mês seja superior a R\$ 35.000,00 (trinta e cinco mil reais) são tributados, a título de ganho de capital, à alíquota de 15%, e o recolhimento do imposto sobre a renda deve ser feito até o último dia útil

do mês seguinte ao da transação (RECEITA FEDERAL DO BRASIL, 2017, p. 245).

O manual indica também que "as operações deverão estar comprovadas com documentação hábil e idônea" (RECEITA FEDERAL DO BRASIL, 2017, p. 184).

Visto isto, a possibilidade de incidência do Imposto de Renda, seja de pessoa física ou de pessoa jurídica, é possível somente quando se adquire a criptomoeda com o objetivo de auferir lucro.

4.1.5 Incidência no Imposto sobre Transmissão Causas Mortis e Doação - ITCMD

O ITCMD é de competência dos Estados e Distrito Federal, tem previsão legal nos artigos 155, inciso I c/c seu §1º e art. 147 da Constituição Federal e 35 e seguintes do Código Tributário Nacional, não permite a repartição tributária. Com o intuito de evitar a guerra fiscal, o Senado Federal definiu a alíquota máxima de 8% e o seu fato gerador é o valor do bem, ora transmitido pelo evento morte ou doação.

Neste sentido, se a classificação for apontada como bem, no momento de sua doação ou na transmissão do patrimônio do de cujus, ocorrerá o fato gerador deste tributo, sendo perfeitamente tributável. Razão pela qual, conforme descrito em capítulos anteriores, o estado de São Paulo já possui um projeto de lei para regular essa matéria.

Por outro lado, insta destacar, que em relação à doação, aplica-se o conceito do direito privado emanado pelo Código Civil, em especial, o art. 538 e seguintes, no qual "considera-se doação o contrato em que uma pessoa, por liberalidade, transfere do seu patrimônio bens ou vantagens para o de outra." E ainda, para a doação, far-se-á necessária a escritura pública ou instrumento particular. Nesse contexto, é imprescindível que haja a transferência jurídica da titularidade da pessoa do doador para donatário, o chamado animus donandi (CARNEIRO, 2018, *on-line*).

Ao deparar-se com transmissões, por exemplo, de títulos de créditos, quotas e ações é possível identificar os valores e a forma jurídica para a concretização da transferência. Agora, como aplicar essas regras às criptomoedas partindo da premissa que seu registro é no *Blockchain*? Outra questão prática, qual será o órgão que informará o valor da cotação da criptomoeda?

Finalizando a abordagem, o ITCMD para causa mortis é aplicável se os valores em criptomoeda forem convertidos em reais e para doação não há natureza jurídica que suporte essa cobrança.

4.1.6 Incidência no Imposto Sobre Serviços de Qualquer Natureza – ISSQN

O ISSQN é de competência dos Municípios e do Distrito Federal, tem previsão legal nos artigos 156, inciso III c/c seu §3º da Constituição Federal e Lei Complementar 116/03, e tem competência cumulativa, uma vez que, havendo territórios, poderá a União exercê-lo. O tributo incide sobre serviços de qualquer natureza definidos em lei, exceto os serviços de competência estadual.

Segundo Claudio Carneiro (2018, p. 616), prestação de serviço é o trabalho a ser feito, a atividade ou até a qualidade de servir o outro, como ao construir uma edificação, por exemplo. Pode se originar a partir de um esforço intelectual ou físico.

Atualmente, a prestação de serviço de intermediação de câmbio tem previsão nos itens

10.01 e 15.13 da lista da Lei Complementar (LC). Desse modo, as *exchanges* recolhem o ISSQN quando ocorre a compra/venda de criptomoedas pela moeda fiduciária e vice-versa, nas demais operações não incide esse tributo.

No que se trata das atividades dos mineradores, esses prestam um serviço de validação da rede *Bitcoin* e são remunerados pelo próprio sistema por esse serviço, desse modo, tal prestação de serviço pode ser compreendida como um serviço de processamento de dados e aplicativos disposto no item 1.03 da lista da LC, passível então da incidência do ISSQN.

Por fim, primeiramente é preciso definir quem será o ente federado competente para tributar a operação, para a posteriori entrar no mérito de qual tributo é aplicável.

A NECESSIDADE DE CRIAÇÃO DE UM MARCO REGULATÓRIO PARA ENTENDER E CONTROLAR OS AVANÇOS TECNOLÓGICOS FINANCEIROS

5

5.1 A legislação como meio de promover a segurança jurídica

Nos últimos anos, as criptomoedas se tornaram onipresentes. Essa nova modalidade financeira que assola o mundo fez com que as transações realizadas na rede aumentassem de forma vertiginosa. Os valores negociados são cada vez mais expressivos e, consequentemente, um grande número de pessoas encontra-se envolvida, direta ou indiretamente.

Por outro lado, a falta de instituições de controle, a carência de regulamentações específicas e a possibilidade de transações no anonimato criaram um ambiente propício para as transgressões, não apenas sobre vulnerabilidades quanto à segurança do negócio, mas principalmente no âmbito penal, abarcando, em especial, os crimes de lavagem de dinheiro, pirâmides financeiras, invasão de sistemas bancários, evasão de divisas, estelionato e demais delitos ligados ao uso ilícito da tecnologia.

Diante desse cenário, o uso das criptomoedas tem despertado o interesse de agências de aplicação da lei, autoridades fiscais e reguladores legais, que tem por objetivo estudar/entender os mecanismos de funcionamento desse sistema, afim de proporcionar adequações aos modelos regulatórios tradicionais ou construir uma nova regulamentação para o setor.

Na prática, o que se observa é que cada país adota suas próprias premissas e conceitos acerca do tema, sem que exista, ainda, um consenso global.

O The Law Library of Congress (2018, p. 07) apresentou o relatório "Regulation of Cryptocurrency Around the World", o qual demonstra as diversas definições de criptomoeda ao redor do mundo, como: "moeda digital (Argentina, Tailândia e Austrália), *commodity* virtual (Canadá, China, Taiwan), *token* de criptografia (Alemanha), *token* de pagamento (Suíça), moeda cibernética (Itália e Líbano), moeda eletrônica (Colômbia e Líbano) e ativo virtual (Honduras e México)11" (tradução da autora).

Já nos Estados Unidos, o "US Treasury" (departamento do tesouro) classificou as criptomoedas e as *exchanges* como serviços monetários ou instituições financeiras.

Em um contexto financeiro de alta regulação e controlado, por vezes, pelo Banco Central, essa nova modalidade não tem como esquivar-se dos ditames legais. O que corrobora tal entendimento é o crescente reconhecimento das criptomoedas em diversos países, trata-se de questão de tempo e maturidade de cada Estado para implementar as regulamentações.

Por meio da legislação, será possível promover a segurança jurídica e a idoneidade das relações, garantindo à sociedade uma maior tranquilidade e transparência.

5.2 O Japão, pioneiro em legislar sobre o assunto

Um dos primeiros países a legislar sobre o assunto foi o Japão, por meio da *Payment Services Act* (lei de serviços de pagamentos), que sofreu uma

---

11 Do original em inglês: "Some of the terms used by countries to reference cryptocurrency include: digital currency (Argentina, Thailand, and Australia), virtual commodity (Canada, China, Taiwan), crypto-token (Germany), payment token (Switzerland), cyber currency (Italy and Lebanon), electronic currency (Colombia and Lebanon), and virtual asset (Honduras and Mexico)".

emenda em junho de 2016, passando a vigorar a partir de abril de 2017 com o Capítulo II – Moeda Virtual, conhecida também como regulamentação das *exchanges*.

A lei estabeleceu que para a operação do serviço de câmbio virtual, seja *exchange* nacional ou estrangeira, a empresa deve ter sede no Japão e realizar seu registro no Local Finance Bureau competente.

O artigo 63-3 trouxe um rol taxativo de requisições e obrigações que vão desde o capital mínimo de 10 (dez) milhões de yen (aproximadamente R$ 500.000,00), nomeação das moedas virtuais a serem utilizadas e até mesmo documentos que garantam a segurança e o controle dos serviços prestados, visando uma proteção de cibersegurança à operação.

Estabeleceu ainda que todas as operações registradas devem ser encaminhadas anualmente para o "Financial Services Agency" (FSA) por meio de relatórios, garantindo às entidades públicas o total controle do setor. Vale ressaltar que esse órgão também é responsável por fiscalizar as *exchanges* e garantir a segurança tecnológica das operações, podendo até cassar o registro da empresa.

Com a regulamentação, surgiu também a arrecadação de impostos, quase todas as receitas relacionadas às criptomoedas são classificadas como receitas diversas de impostos e estão sujeitas a uma taxa de até 55% (cinquenta e cinco por cento).

Em maio de 2020, a legislação passou por revisão e as emendas objetivaram promover uma maior proteção aos usuários, regras mais rígidas sobre trading de derivativos de criptomoedas, elevar os níveis de segurança cibernética e substituir todas as referências à "moeda virtual" para "ativos de criptografia".

O Japão encontra-se na vanguarda dos países que adotaram uma regulamentação para esse novo setor e grandes discussões ainda acontecem, por exemplo, sobre a redução da carga tributária para 20% (vinte por cento).

Em outros países, como nas Filipinas, o Banco Central adotou uma abordagem regulatória formal para as criptomoedas por meio da emissão da Circular nº 944, em 2017, a qual exige que as empresas envolvidas na troca de criptoativos por moeda fiduciária se registrem ao Banco Central como empresas de remessas e transferência. Além disso, criou uma zona econômica especial, chamada de Zona Econômica de Cagayan (CEZA), na qual muitas *exchanges* do exterior puderam ser licenciadas para operar (BASTIANI, 2019b, on-line).

5.3 O posicionamento do Banco Mundial e do Fundo Monetário Internacional

Os países estão se adaptando rapidamente às mudanças de tecnologia causadas pela revolução digital, o que resulta em modificações na organização da produção, do trabalho e do comércio.

Para instituições como o Banco Mundial e o FMI, as criptomoedas e a tecnologia

Blockchain representam uma série de desafios políticos e econômicos para toda a sociedade.

Em 2018, o Banco Mundial apresentou um estudo sobre Criptomoedas e Blockchain na Europa e Ásia Central. Por meio de experiências nestas regiões, aspectos relevantes foram apontados no documento, dentre eles a necessidade de aplicar regras de supervisão financeira, proteção ao consumidor e a administração tributária, sem deixar de incentivar e facilitar a inovação, cabendo ainda à coordenação internacional compartilhar as melhores práticas (WORLD BANK, 2018, p. 55).

O impacto e a preocupação dessas instituições acerca do tema são tão grandes que em 2019 juntaram-se para lançar um *Blockchain* privado e uma semi-criptomoeda sem valor monetário, o ativo foi chamado de "Learning Coin" (moeda de aprendizado) e encontra-se acessível somente dentro dos órgãos (NUNES, 2019b, on-line).

Tal projeto objetiva compreender as tecnologias que envolvem criptoativos, bem como realizar testes e aprender como as moedas podem ser usadas na vida real. É certo que as experiências atuais resultarão em inovações futuras e duradoras.

5.4 O Brasil e suas iniciativas

5.4.1 Os projetos de lei em trâmite no Congresso Nacional

No Senado Federal existem alguns projetos de lei tramitando conjuntamente sobre o tema, um deles é o PL n° 3825/19, que versa sobre operações realizadas com criptoativos em plataformas eletrônicas de negociação. Por meio dele, definiram-se alguns conceitos, como:

Art. 2° Para fins desta Lei, considera-se:

i)– plataforma eletrônica: sistema que conecta pessoas físicas ou jurídicas por meio de sítio na rede mundial de computadores ou de aplicativo;

ii)   – criptoativo: a representação digital de valor denominada em sua própria unidade de conta, cujo preço pode ser expresso em moeda soberana local ou estrangeira, transacionado eletronicamente com a utilização de criptografia e/ou de tecnologia de registro distribuído, que pode ser utilizado como forma de investimento, instrumento de transferência de valores ou acesso a bens ou serviços, e que não constitui moeda de curso legal; e

III– Exchange de criptoativos: a pessoa jurídica que oferece serviços referentes a operações realizadas com criptoativos em plataforma eletrônica, inclusive intermediação, negociação ou custódia.

Parágrafo único. Inclui-se no conceito de intermediação de operações realizadas com criptoativos a disponibilização de ambiente para a realização das operações de compra e venda de criptoativo entre os próprios usuários de seus serviços.

Demais aspectos importantes foram abordados, como:(1) ficará a cargo do Banco Central a autorização de funcionamento e fiscalização das *exchanges*, devendo o órgão também fomentar a autorregulação do mercado de criptoativos;(2) a oferta pública de criptoativos (ICO) que gerem direito de participação, de parceria ou de remuneração, submete-se à fiscalização da Comissão de Valores Mobiliário, cabendo a Receita Federal do Brasil o controle das movimentações.

Já o PL nº 3949/19 encontra-se apensado e complementa com abordagens no âmbito da Lei de Lavagem de Dinheiro e de regras tributárias: "[...] não estamos impondo-as como moeda de curso forçado. Estamos tão somente reconhecendo a legalidade de sua aceitação por parte de empresas e demais agentes econômicos que efetuam transações pela Internet", essa foi uma das justificativas do projeto.

Ainda no senado, o PL 4207/2020, que estabelece normas para a emissão de moedas e outros ativos virtuais, estabelece também condições e obrigações para as pessoas jurídicas que exerçam atividades relacionadas a esses ativos, atribui competências fiscalizatórias e regulatórias à Receita Federal, ao Banco Central do Brasil, à Comissão de Valores Mobiliários e ao Conselho de Controle de Atividades Financeiras e tipifica condutas praticadas com ativos virtuais com o objetivo de praticar crimes contra o Sistema Financeiro, inclusive os de pirâmide financeira. Cria também o Cadastro Nacional de Pessoas Expostas Politicamente (CNPEP), com a finalidade de auxiliar as instituições financeiras a executar políticas de avaliação de risco de crédito e de prevenção à lavagem de dinheiro.

Nesse contexto, esse PL define exatamente o papel de cada instituição, como segue:

Art. 5º Competirá à Receita Federal do Brasil a tributação, a fiscalização, a arrecadação e a cobrança da atividade descrita no art. 1º.

Art. 6º Competirá ao Banco Central do Brasil a supervisão e a regulação da atividade descrita no art. 1º, nas circunstâncias específicas em que a emissão, a transação ou a transferência de ativos virtuais, por sua natureza, integrem os arranjos de pagamento do Sistema de Pagamentos Brasileiro (SPB), disposta no art. 6º, da Lei nº 12.865, de 9 de outubro de 2013.

Art. 7º Competirá à Comissão de Valores Mobiliares a supervisão e a regulação da atividade descrita no art. 1º, nas circunstâncias específicas em que a emissão, a transação ou a transferência dos ativos virtuais seja compatível com a natureza de valores mobiliários, disposta pelo art. 2º, da Lei nº 6.385, de 7 de dezembro de 1976. Art. 8º Competirá ao Conselho de Controle de Atividades Financeiras a supervisão e a regulação da atividade descrita no art. 1º, conforme as disposições da Lei nº 9.613, de 3 de março de 1998, e da Lei nº 13.974, de 7 de janeiro de 2020.

E na justificativa, elenca os pontos que precisam ser endereçados nas casas legislativas sobre o tema, que são:

(i) a necessidade de alteração da Lei de Lavagem de Dinheiro, para que as *exchanges* (ou seja, as corretoras de ativos virtuais) sejam cadastradas e possam reportar operações suspeitas ao Conselho de Controle de Atividades Financeiras, ampliando o combate à lavagem de dinheiro [razão que também justifica a criação do Cadastro Nacional de Pessoas Expostas Politicamente (CNPEP)];

(ii) a necessidade de garantir mecanismos jurídicos que possam permitir maior informação, transparência e proteção do investidor-consumidor contra a assimetria de informações e eventuais fraudes nesse mercado;

(iii) a necessidade de salvaguardar os dados pessoais e as carteiras virtuais dos investidores-consumidores, notadamente com a segregação de ativos entre as suas contas e as contas das *exchanges*; e

(iv) a necessidade de criação de mecanismos para o monitoramento do mercado de ativos virtuais, de forma a prevenir e gerir eventuais riscos à estabilidade financeira.

Na Câmara dos Deputados existem outros dois projetos, o PL nº 2303/15 é o mais antigo e ativo, audiências públicas já foram realizadas e foi criada a Comissão Especial sobre Moedas Virtuais, o projeto já sofreu 07 (sete) emendas e dispõe sobre a inclusão das moedas virtuais e programas de milhagens aéreas na definição de "arranjos de pagamento" sob a supervisão do Banco Central. Já o PL n° 2060/19 trouxe também narrativas no âmbito penal, como a alteração do Código Penal a fim de incluir a tipificação a seguir:

> Art. 292-A Organizar, gerir, ofertar carteiras, intermediar operações de compra e venda de Criptoativos com o objetivo de pirâmide financeira, evasão de divisas, sonegação fiscal, realização de operações fraudulentas ou prática de outros crimes contra o Sistema Financeiro, independentemente da obtenção de benefício econômico:
>
> Pena – detenção, de um a seis meses, ou multa.

Salta aos olhos que os projetos de lei que estão em tramitação no Senado Federal têm uma abordagem voltada mais para a regulação das *exchanges*, com enfoque na competência do Banco Central para regular e fiscalizar o setor. Entrementes, os projetos da Câmara dos Deputados são mais genéricos e buscam certas criminalizações.

O fato é que ambas as casas propuseram definições diferentes para a mesma matéria e o desafio proposto pela tecnologia é chegar num consenso que garanta a segurança jurídica das operações de modo a privilegiar a transparência.

5.4.2 O posicionamento do Banco Central e da CVM (Comissão de Valores Mobiliários)

Nos governos anteriores ao atual, o Banco Central não se posicionou a favor das negociações de criptomoedas, ao contrário, seus pronunciamentos sempre foram céticos acerca do tema.

No entanto, a nova composição começou a dar direcionamento ao setor, haja vista que no ano de 2019 passou a reconhecer criptomoedas como bens e a negociação destes "ativos digitais" passaram a ser contabilizados na balança comercial do país (BANCO CENTRAL DO BRASIL, 2020, on-line).

Outro tópico que chamou a atenção foi o pronunciamento sobre os estudos da moeda Real Digital. Em pronunciamento, o Banco informou: "Assim como os demais bancos centrais, o Banco Central do Brasil estuda o amplo e multifacetado tema de moedas virtuais." (ROCHA, 2020, on-line).

O Brasil passa por um momento de grandes transformações no âmbito financeiro e iniciativas como a substituição do TED pelo pagamento instantâneo em tempo real (PIX), Open Banking (proposta de descentralizar as informações financeiras de grandes operadoras) e o Sandbox (ambiente de teste regulado para novas tecnologias) podem contribuir para que o país tenha sua moeda digital.

Em 2018, a CVM emitiu uma cartilha chamada de Criptoativo – Série Alertas, por meio da qual aponta todos os riscos das operações nesse setor. No que tange às ICOs, fez o seguinte comunicado: "as ofertas de ativos virtuais que se enquadrem na definição de valor mobiliário e estejam em desconformidade com a regulamentação serão tidas como irregulares e, como tais, estarão sujeitas às sanções e penalidades aplicáveis", enfatizando que não reconhece esse tipo de operação.

Abordou também os riscos de fraudes, riscos de liquidez e alta volatilidade dos ativos virtuais, riscos específicos da não regulamentação ou do caráter transfronteiriço das operações e os riscos cibernéticos.

Ainda em 2018, por meio do Ofício Circular nº 1/2018/CVM/SIN, a CVM proibiu fundos de investimento baseados em criptomoedas e informou que "[...] há ainda muitos outros riscos associados à sua própria natureza (como riscos de ordem de segurança cibernética e particulares de custódia), ou mesmo ligados à legalidade futura de sua aquisição ou negociação."

Em outro momento, por meio do Ato Declaratório nº 17.961 de 2 de julho de 2020, proibiu empresas estrangeiras de criptomoedas a prestar serviços de intermediação de derivativos alegando que a "oferta ao público residente no Brasil de serviços de intermediação de valores mobiliários é privativa de instituições integrantes do sistema de distribuição de valores mobiliários previsto no art. 15 da Lei 6.385, de 7 de dezembro de 1976".

5.4.3 A Normativa 1.888/19 da Receita Federal do Brasil

Na Declaração de Imposto de Renda (IR) do ano de 2014 a Receita Federal do Brasil trouxe uma grande novidade, tornou obrigatória a declaração dos *bitcoins* como bens e tributou seus ganhos de compra e venda. O fisco decidiu que as criptomoedas se equiparam a ativos financeiros e devem ser declaradas como "outros bens" por quem possuía o equivalente a R$ 1.000,00 (mil reais) ou mais em dezembro de 2013.

Também definiu que é necessário recolher IR de 15% (quinze por cento) sobre o ganho de capital em transações superiores a R$ 35.000,00 (trinta e cinco mil reais). Essa obrigação inclui negócios realizados nos últimos cinco anos, cujo imposto deve ser pago com multa e juros.

Tendo em vista o aumento significativo do mercado de criptoativos nos últimos anos e os vultosos valores envolvidos, com a finalidade de viabilizar a verificação da conformidade tributária e combater a lavagem de dinheiro e a corrupção, foi realizada a Consulta Pública RFB nº 6/2018 que teve como fundamento discutir com a sociedade "a criação de obrigação acessória para que as *exchanges* de criptoativos (empresas que negociam e/ou viabilizam as operações de compra e venda de criptoativos) prestem informações de interesse da Secretaria da Receita Federal do Brasil (RFB) relativas às operações envolvendo criptoativos [...]".

Assim, foi instituída a Instrução Normativa 1.888/19 que entrou em vigor em agosto de 2019. Essa regulamentação trouxe a obrigatoriedade de prestação de informações relativas às operações realizadas com criptoativos e pela primeira vez um órgão apresentou a definição de criptoativo e exchange, conforme segue:

Art. 5º Para fins do disposto nesta Instrução Normativa, considera-se:

I - criptoativo: a representação digital de valor denominada em sua própria unidade de conta, cujo preço pode ser expresso em moeda soberana local ou estrangeira, transacionado eletronicamente com a utilização de criptografia e de tecnologias de registros distribuídos, que pode ser utilizado como forma de investimento, instrumento de transferência de valores ou acesso a serviços, e que não constitui moeda de curso legal; e

II- *exchange* de criptoativo: a pessoa jurídica, ainda que não financeira, que oferece serviços referentes a operações realizadas com criptoativos, inclusive intermediação, negociação ou custódia, e que pode aceitar quaisquer meios de pagamento, inclusive outros criptoativos.

Parágrafo único. Incluem-se no conceito de intermediação de operações realizadas com criptoativos, a disponibilização de ambientes para a realização das operações de compra e venda de criptoativo realizadas entre os próprios usuários de seus serviços (RECEITA FEDERAL DO BRASIL, 2019, online).

De maneira geral, as definições são bem abrangentes, um aspecto a ser destacado é o fato de as *exchanges* não precisarem ser instituições financeiras.

No tocante à obrigatoriedade da prestação de informações, direciona-se às *exchanges* de criptoativos domiciliadas no Brasil e à pessoa física ou jurídica domiciliada ou residente no território nacional quando o valor mensal das operações ultrapassar R$ 30.000,00 (trinta mil reais), nas seguintes situações: as operações se realizarem em exchange domiciliada no exterior ou não forem realizadas em *exchange*.

As operações realizadas com criptoativos que precisam ser informadas são: compra e venda; permuta; doação; transferência/retirada de criptoativo para a *exchange*; cessão temporária (aluguel); dação em pagamento; emissão; e outras operações que impliquem em transferência de criptoativos.

Pode-se concluir que todas as operações com criptoativos ensejam a obrigação de prestar informações à RFB. Sem contar que empresas ou pessoas físicas domiciliadas no Brasil deverão apresentar as seguintes informações da operação: data; tipo; titulares; criptoativos usados; quantidade de criptoativos negociados, em unidades, até a décima casa decimal; valor, em reais, excluídas as taxas de serviço cobradas para a execução da operação, quando houver, e o valor das taxas de serviços cobradas para a execução da operação, em reais, quando houver.

Ressalta-se que as operações realizadas por pessoas físicas e jurídicas domiciliadas no Brasil, com *exchanges* domiciliadas no exterior, deverão prestar as mesmas informações descritas alhures, além de identificar a exchange utilizada.

Entrementes, um dos aspectos mais complicados são as informações que devem ser fornecidas para a identificação dos titulares da operação, que são: nome da pessoa física ou jurídica; domicílio fiscal; endereço; número de inscrição no CPF, CNPJ ou NIF no exterior; quando houver, nome empresarial e demais informações de cadastro.

Todas as informações devem ser enviadas mensalmente através do portal e-CAC da Receita Federal do Brasil.

Sobre as sanções, reza o artigo 10 que em caso de prestação da informação fora do prazo as multas correspondem a R$ 500,00 (quinhentos reais) por mês nos casos de pessoas jurídicas optantes pelo Simples ou pelo Lucro Presumido, entidades imunes ou isentas. Para as demais empresas o valor é de R$ 1.500,00 (mil e quinhentos reais), e R$ 100,00 (cem reais) para as pessoas físicas. Na hipótese de informações prestadas com inexatidões ou de forma incompleta, aplica-se multa de 3% (três por cento) do valor da operação para as pessoas jurídicas (exceto optantes pelo Simples, em que o percentual aplicável é de 2,10%), e para as pessoas físicas a multa é reduzida para o percentual de 1,5% (um e meio por cento).

É importante ressaltar que a instrução normativa se restringe a obrigações acessórias e por esta razão poderá sofrer modificações a qualquer momento, uma vez que não existe em vigor legislação específica para o assunto.

Neste diapasão, insta apregoar se a Receita Federal do Brasil possui competência para instituir obrigações tributárias acessórias à luz do princípio da legalidade, haja vista que o ato normativo estipulou obrigação de reporte de transações e previsão de penalidades.

Note-se que, para Roque Antonio Carraza (2010, p. 214), "cabe à lei que cria a obrigação acessória indicar contornos básicos de como e quando adotar a conduta". É compreensível, portanto, que o princípio da legalidade enunciado no art. 5º da Constituição Federal seja atribuído também às obrigações acessórias.

Por outro lado, já foi objeto de apreciação do Supremo Tribunal de Justiça (STJ) tal questão, que entende que a Administração Tributária tem competência, por força do que dispõe o artigo 16 da Lei 9.779/99 combinado ao artigo 97 do Código Tributário Nacional, para instituir obrigações tributárias acessórias.

Sem contar que as obrigações acessórias apresentadas são típicas de empresas equiparadas às instituições financeiras.

Outro aspecto importante dessa normativa é a coleta de dados sem a exposição da finalidade específica, algo que é mandatório com a vigência da Lei nº 13.709/2018 - Lei Geral de Proteção de Dados Pessoais (LGPD).

Nesse contexto, a LGPD em seu artigo 1º dispõe sobre o tratamento de dados pessoais, inclusive nos meios digitais, por pessoa natural ou por pessoa jurídica de direito público ou privado, com o objetivo de proteger os direitos fundamentais de liberdade e de privacidade e o livre desenvolvimento da personalidade da pessoa natural.

A normativa apresenta uma nova etapa na relação entre o poder público e o cidadão e trouxe como princípio basilar da relação entre entes públicos o princípio da finalidade corroborando o entendimento que não poderá haver transmissão de dados pessoais para atendimento de finalidade diversa. Dessa forma, o uso compartilhado de dados pessoais entre entes públicos é tratado na LGPD nos seguintes artigos:

Art. 6º As atividades de tratamento de dados pessoais deverão observar a

> boa-fé e os seguintes princípios:
>
> I - finalidade: realização do tratamento para propósitos legítimos, específicos, explícitos e informados ao titular, sem possibilidade de tratamento posterior de forma incompatível com essas finalidades;
>
> [...]
>
> Art. 7º O tratamento de dados pessoais somente poderá ser realizado nas seguintes hipóteses:
>
> III - pela administração pública, para o tratamento e uso compartilhado de dados necessários à execução de políticas públicas previstas em leis e regulamentos ou respaldadas em contratos, convênios ou instrumentos congêneres, observadas as disposições do Capítulo IV desta Lei;
>
> [...]
>
> Art. 11. O tratamento de dados pessoais sensíveis somente poderá ocorrer nas seguintes hipóteses:
>
> II - sem fornecimento de consentimento do titular, nas hipóteses em que for indispensável para:
>
> b) tratamento compartilhado de dados necessários à execução, pela administração pública, de políticas públicas previstas em leis ou regulamentos;
>
> [...]
>
> Art. 26. O uso compartilhado de dados pessoais pelo Poder Público deve atender a finalidades específicas de execução de políticas públicas e atribuição legal pelos órgãos e pelas entidades públicas, respeitados os princípios de proteção de dados pessoais elencados no art. 6º desta Lei.

De outra banda, o compartilhamento deve vir acompanhado de consentimento expresso e válido do titular, conforme elencado no Artigo 7º.

Nessa linha, o poder público deve adotar medidas proporcionais e estritamente necessárias ao atendimento público, observados o devido processo legal, os princípios gerais de proteção e os direitos do titular previstos na LGPD.

5.4.4 Os bloqueios judiciais e o direito sucessório

Com o avanço da economia e para atender uma nova demanda com relação aos ativos digitais, o Conselho Nacional de Justiça está desenvolvendo um novo sistema de bloqueio judicial, o SisbaJud, que substituirá o Bacen-Jud e, entre as novidades, consiste o estudo de incorporar as criptomoedas com expectativa de permitir o bloqueio em *exchanges* assim como ocorre com dinheiro em contas bancárias (GUSSON, 2020, on-line).

A priori, apesar de não haver previsão legal específica de constrição de criptomoeda, nada impede a aplicação do art. 835 do Código de Processo Civil. Vale lembrar que a sistemática das casas de câmbio se aproxima com a dos depósitos em instituições financeiras. Desta feita, não há motivos para que não sejam efetuadas pesquisas para busca de tais ativos.

A penhora pelo Poder Judiciário ou, até mesmo, a pesquisa de existência mediante a expedição de ofício começa a ser efetivada.

Ao considerar que o manuseio e o conhecimento técnico ainda são escassos pelo Judiciário, é recomendável o bloqueio e conversão em moeda corrente no momento da penhora. Há a possibilidade que ocorra apenas a apreensão, mas não será possível deixar depositado na exchange em virtude dos riscos. Caberia então a criação de uma carteira privada (*wallet*) para o Judiciário? Se essa alternativa for aplicada, não é possível a incisão de juros,

apenas a remuneração da moeda, se for o caso.

A discussão sobre a custódia ainda é incipiente, ademais, a elevada volatilidade do valor poderia causar prejuízo aos envolvidos.

Essa nova realidade patrimonial digital traz diversos questionamentos para o direito sucessório, por exemplo: como identificar se o falecido deixou carteira virtual; como realizar a transmissão aos herdeiros; e como realizar a tributação.

Alguns projetos de lei tramitam no Congresso Nacional e visam garantir o direito aos sucessores de acessar os dados digitais do falecido, como é o caso do PL 4099/12 e do PL 4847/12, já apensado.

Na esfera estadual, está em trâmite na Assembleia Legislativa de São Paulo o projeto de lei nº 834/19, que prevê o Imposto sobre Transmissão Causa Mortis e Doação (ITCMD) sobre criptomoeda.

Atualmente, a única forma de garantir o acesso aos herdeiros das carteiras digitais é por meio do testamento, no qual deve estar descrito como acessar as carteiras/plataformas e os respectivos login e senhas.

Na Espanha, algumas iniciativas surgem para tentar resolver esses entraves, a empresa de Alicante, Mi Legado Digital, desenvolveu "o primeiro testamento inteligente" para a transferência de conteúdos digitais após a morte com o objetivo de fornecer uma solução para os arquivos que os usuários guardam nas nuvens: os perfis nas redes sociais, o dinheiro acumulado em sistemas de pagamento eletrônico como Paypal ou *"bitcoins"* e ativos digitais com valor econômico, dentre outras utilidades.

5.5 A ordem econômica mundial frente às criptomoedas e as medidas para conter o seu avanço

Em uma economia de mercado, a mudança é um processo contínuo, progressivo, gradual e generalizado, advinda, majoritariamente, do resultado de decisões de atores individuais e empresas. Porém, com o passar dos tempos, o Estado também começou a atuar nesse cenário.

André Ramos Tavares (2011, p. 83) define ordem econômica como "[...] a expressão de um certo arranjo econômico, dentro de um específico sistema econômico preordenado juridicamente. É a estrutura ordenada, composta por um conjunto de elementos que conforma um sistema econômico."

No final da década de 80, especialmente após a queda do muro de Berlim, um intenso movimento denominado globalização fez surgir um novo patamar econômico mundial que interligou os mercados e as sociedades.

José Eduardo Faria (2002, p. 29-30) afirma que alguns acontecimentos antecederam essa nova era, como: mudanças nos padrões de produção; união de mercados financeiros; aumento da importância das empresas multinacionais; aumento da importância do intercâmbio e crescimento de blocos regionais de comércio; ajuste estrutural e privatização; hegemonia de conceitos neoliberais de relações econômicas; tendência mundial à democratização, proteção dos direitos humanos e renovação do interesse no "império do direito"; surgimento de protagonistas supranacionais e transacionais promovendo direitos humanos e democracia.

Para Ulrick Beck (1999, p. 34), a globalização "significa a experiência cotidiana da ação sem fronteiras nas dimensões da economia, da informação, da ecologia, da técnica, dos conflitos transculturais e da sociedade civil."

Com advento de novas tecnologias nos últimos tempos, uma nova realidade econômica digital está surgindo na ordem mundial, instrumentos virtuais designados a pagamentos são cada vez mais utilizados em substituição ao tradicional papel moeda.

Entretanto, no que tange às criptomoedas, o *bitcoin*, em especial, não é um grande problema para a ordem econômica mundial, pois as preocupações dos países se limitam a questões ligadas ao combate da lavagem de dinheiro e outros crimes, isso se dá principalmente por se tratar de um sistema descentralizado, ou seja, "sem dono". Esta descentralização das relações é fruto da nova democracia, nascida da era digital.

Por ser uma moeda finita e com 85% de seu volume total minerados, o *bitcoin* se transformou em um ativo financeiro rentável e não em moeda de circulação. Na esperança que um dia valorize, as pessoas preferem guardá-la em vez de movimentar a economia.

Além do que, outro aspecto que corrobora com a noção de que o *bitcoin* não é uma moeda propriamente dita, tal como hoje se conhece, é o fato do nível de aceitação ser mínimo para exercer o mesmo papel da moeda corrente, uma vez que ainda encontra-se atrelado a um grupo de entusiastas, por mais que os números demonstrem um grande volume de negociações (GHIRARDI, 2019, p. 154).

O *bitcoin*, apesar de ser a primeira criptomoeda a funcionar plenamente, não dominará o mundo economicamente, outros projetos têm essa ambição, como é o caso da Libra da empresa Facebook, que alterou seu nome para Diem Network. Diem significa "dia" em latim. Assim, a moeda será chamada de Diem Dollar e o objetivo é lançar uma moeda de alcance mundial (INFOMONEY, 2020, on-line).

Para a construção e governança dessa moeda, o Facebook criou a Libra Association, trata-se de uma organização independente, sem fins lucrativos, sediada em Genebra, na Suíça. Os membros da associação serão formados por empresas geograficamente distribuídas, diversificadas, multilaterais e instituições acadêmicas, sem contar que o lastro e a reserva serão compostos por uma cesta de moedas: o dólar (Estados Unidos), o euro (Europa), a libra esterlina (Inglaterra) e o iene (Japão) (ASSOCIAÇÃO LIBRA, 2019, on-line).

Frisa-se que o conceito de moeda já foi objeto de grandes inquietações, Nilson Holanda, em sua obra Introdução à Economia (2002, p. 574) aduz:

> Considera-se moeda qualquer coisa que, em determinada sociedade, funciona como meio de pagamento, instrumento geral de troca e medida comum de valor. Robertson diz que moeda é "tudo o que é geralmente aceito em pagamentos de mercadorias ou no cumprimento de quaisquer outras obrigações comerciais", enquanto Hart define-a como "a propriedade que pode ser utilizada por seu dono no pagamento de débitos de valor definido, com segurança e sem demora". Boulding, por sua vez, afirma que constituem dinheiro "aqueles bens ordinariamente trocados por uma grande variedade de outros bens e que são aceitos principalmente por causa da crença em sua contínua capacidade de assim serem trocados.

A essência da moeda e suas funções também já foram objeto de estudo por filósofos, antes mesmo do nascimento da ciência econômica, assim, segundo John F. Bell (apud Lopes e Rossetti, 2005, p.185), Aristóteles deduziu que:

> Muitas coisas necessárias à vida não são facilmente transportáveis, razão que levou os homens a empregar em suas transações algo intrinsecamente útil e facilmente aplicável aos propósitos comuns da vida, como o ferro, a prata e coisas similares; esses bens são um veículo de troca e um repositório de valor, de vez que constituem um padrão universal de medição, sobre o qual há geral concordância. Suas idéias [sic] foram mais bem entendidas do qualquer outro pensador durante mais de mil e quinhentos anos após sua existência.

Dessa forma, o conceito de moeda para economia é vasto, Ludwig von Mises (2010,p. 465), elucida em sua obra Ação Humana que:

> [...] um meio de troca que seja de uso comum é denominado de moeda. A noção de moeda é vaga, uma vez que sua definição implica o emprego da expressão "uso comum", que é igualmente vaga. Existem situações nas quais se torna difícil definir se um meio de troca é ou não de uso "comum" e se pode ser denominado moeda. Mas esta impressão na caracterização da moeda não afeta, de forma alguma, a exatidão e a precisão exigida pela teoria praxeológica. Porque tudo o que possa ser predicado sobre moeda é valido para qualquer meio de troca. Resulta, por tanto, irrelevante preservar o termo tradicional da moeda ou substituí-lo por outra denominação. A teoria da moeda foi e continua sendo a teoria da troca indireta e dos meios de troca.

Nessa esteira, a teoria monetária da Escola Austríaca sustenta que há uma tendência inevitável para uma única moeda prevalecer no mercado, tendo como premissa sua universalização.

Para Heloisa Estellita (2020, p. 07-08), o dinheiro tem três funções:

> [...] meio de troca e de pagamento, unidade de conta e reserva de valor. A função de meio de troca e de pagamento se mostra na possibilidade de adquirir e pagar por mercadorias e serviços. Essas possibilidades estão presentes relativamente aos BTCs. A função de unidade de conta manifesta a

> possibilidade de que o valor de bens e mercadorias possa ser expresso em dinheiro.
>
> [...]
>
> O BTC goza de todas essas características. A individualização se manifesta na possibilidade de que os BTCs possam ser atribuídos, em determinado momento temporal, a um endereço de BTC, e ainda a partir de sua unidade individualizável mínima, que são os outputs individualmente considerados.

Nota-se, que a criação de uma moeda mundial não é novidade para a história, o FMI criou a moeda Special Drawn Rights (SDR)e o próprio euro é uma iniciativa semelhante, mas nenhuma delas conseguiu ter a tração suficiente para derrubar o dólar.

O desenvolvimento desse tipo de criptomoeda desafia a legitimidade do regime estatal como controlador da moeda nacional, trazendo um novo modelo de moedas privadas sem controle de uma autoridade central.

A preocupação é generalizada e o temor de uma moeda única, global, controlada e emitida por empresas deixou em pânico os governos mundiais (CASTRO, 2019, on-line).

É possível apontar alguns impactos para a ordem econômica mundial e local, dentre eles: a diminuição de impostos, transações internacionais sem controle, descontrole por parte dos Bancos Centrais e moedas locais gradativamente fracas e em desuso.

Por essa razão, os fóruns mundiais estão atentos para a questão e quem sabe, em breve, será possível vivenciar mais um encontro Bretton Woods. Por enquanto, os países continuam a estudar o fenômeno das criptomoedas e seus impactos.

Mas essa ideia não é nova, Friedrich August Hayek (2011, p. 30) já esboçava uma sociedade sem controle monetário estatal: "tampouco podemos encontrar resposta ao indagarmos o que aconteceria se aquele monopólio fosse abolido e o fornecimento de dinheiro fosse aberto à competição de empresas privadas que fornecessem moedas diferentes."

Nos Estados Unidos, o comitê de serviços financeiros da Câmara, liderado pelos democratas, declararam que "como o Facebook já está nas mãos de mais de um quarto da população mundial, é necessário que o Facebook e seus parceiros imediatamente cessem os planos de implementação até que os reguladores e o Congresso tenham a oportunidade de examinar essas questões e tomar medidas" (HIGA, 2019, on-line).

Já o presidente dos Estados Unidos, Donald Trump, em pronunciamento realizado em seu Twitter em 2019, deixou claro que para criar uma moeda é preciso ser banco e estar sujeito às regulamentações do setor (BAR-RABI, 2019, on-line, tradução da autora).

Também nos EUA, um projeto de lei chamado Keep Big Tech out of Finance, tem por objetivo proibir grandes empresas de tecnologia de operarem no sistema financeiro (CONGRESS.GOV, 2019, on-line). Já entre os democratas, circulou a criação de um projeto de lei para multar o Facebook em US$ 1 (um) milhão por dia, caso emitam a criptomoeda.

Na Europa, França e Alemanha defenderam a proibição de utilização da criptomoeda Libra no continente, por ameaçara segurança e a estabilidade financeira na região. E ainda, que este tipo de moeda contribui para crimes, como: lavagem de dinheiro, evasão fiscal, financiamento de grupos terroristas e atentado à soberania monetária, sem contar os riscos que poderiam surgir por falhas no funcionamento da criptomoeda. A posição da União Europeia é unânime em adotar uma abordagem rígida, mas sem saber como deter a tecnologia na prática (SILVA, 2019, on-line).

Em contraponto, foi veiculado pelos principais bancos europeus o apoio à criação da criptomoeda denominada "Euro-digital", moeda essa que objetiva substituir a moeda papel do Euro, contribuindo para uma maior circulação e fortalecimento do bloco europeu.

Já o presidente do Banco da Inglaterra, Mark Carney, reconhece que os problemas que o Facebook pretende resolver são reais e que a tecnologia pode ajudar, mas enfrentarão severas regulamentações.

No Oriente, o Japão chamou a atenção para a necessidade de regulação máxima da criptomoeda, uma vez que pode causar um grande impacto para a sociedade.

Desde os tempos mais remotos, o indivíduo não tem liberdade de escolha sobre a moeda que usa, pois há uma obrigação de usar o dinheiro estatal, ou seja, a moeda nacional, seja ela confiável ou não, valorizada ou inflacionada.

A História aponta uma triste realidade, nenhum sistema político foi capaz de conter os abusos de governo no âmbito monetário.

Nessa trajetória, pode-se compreender que o dinheiro foi um mecanismo criado pelo mercado e, posteriormente, regulado pelo governo, estar-se-ia retornando ao passado e deixando o mercado dominar novamente a moeda?

O uso da moeda privada e sua consagração se darão exclusivamente a partir da aceitação e utilização pela sociedade, que irá ditar os rumos dessa nova concepção. Sem dúvida, esse ponto é crucial para seu desenvolvimento a longo prazo.

Em relação aos benefícios tecnológicos apresentados, são deveras atraentes: facilidade, comodidade, rapidez, quebra de barreiras culturais e econômicas, barateamento de taxas e o poder do alcance mundial.

Entretanto, é importante ressaltar o aspecto da reserva, uma vez que é lastreada em moedas nacionais (dólar, euro, libra esterlina e iene), e seus investimentos em fundos de bancos centrais em grandes economias. Sendo assim, não se estaria à mercê da tradicional política monetária?

Nessa ótica, que segurança o cidadão tem em adquirir uma moeda que certamente estará suscetível a crises mundiais? Ou ainda, até mesmo à má gestão e governança de uma associação de empresas? Afinal, administrar uma empresa é bem diferente de controlar o sistema financeiro mundial.

Um dos aspectos abordados para a criação da moeda é dar liberdade àqueles que hoje estão à margem do sistema financeiro, por não possuírem condições mínimas para pagar taxas ou acessar a rede bancária local. Dessa forma, a tecnologia proposta traz liberdade de crescimento e melhoria das condições de vida destas pessoas.

Amartya Sen (2000, p. 09) afirma que grandes são as inovações, mas velhos são os problemas, ou seja, é possível inovar, mas o problema central da humanidade não será resolvido. Discorre, ainda, o autor:

> Vivemos igualmente em um mundo de privação, destituição e opressão extraordinária. Existem problemas novos convivendo com antigos – a persistência da pobreza e de necessidades essenciais não satisfeitas, fomes coletivas e fome crônica muito disseminadas, violação de liberdades políticas elementares e de liberdades formais básicas, ampla negligência diante dos interesses e da condição de agente das mulheres e ameaças cada vez mais graves a nosso âmbito e a sustentabilidade de nossa vida econômica e social.

A sociedade poderá definir a trajetória monetária de sua localidade e mudar os ditames governamentais, tal circunstância somente será possível em virtude das inovações tecnológicas que os tempos atuais proporcionam e que desafiam as leis vigentes.

A Universidade de Cambridge publicou em julho de 2019 o Global Cryptoasset Regulatory Landscape Study (BLANDIN et al., p. 14), no qual classifica e cataloga todos os criptoativos e suas respectivas modalidades. Foi um passo inicial necessário para qualquer tipo de intervenção estatal, seja por meio da regulação ou da regulamentação.

Esse instrumento demonstra que as autoridades estão classificando os criptoativos de três maneiras: i) *token* de pagamento/exchange ou criptomoedas: um meio de troca de valor; ii) token de utilidade: concessão de acesso a uma plataforma ou serviço digital; e iii) *token* de segurança: instrumento de investimento. Relata, ainda, que outro grande desafio enfrentado é o armazenamento e o gerenciamento seguro da custódia dos criptoativos, uma vez que requer um alto nível de proficiência técnica. Aborda, também, que o Banco Central geralmente tem sido o primeiro tipo de autoridade a emitir parecer sobre o tema, seguido do Ministério de Finanças. O Institute for Management Development (IMD), em agosto de 2019, organizou o webinar "What are the opportunities provided by tokenization?", no qual o professor Arturo Bris enfatiza que os governos precisam adotar certos cuidados nas medidas regulatórias para que

não possam, eventualmente, inibir a formação do mercado virtual.

O organismo intergovernamental independente Grupo de Ação Financeira contra a Lavagem de Dinheiro e o Financiamento do Terrorismo /*Financial Action Task Force* (GAFI/FATF), que tem como objetivo desenvolver e promover políticas nacionais e internacionais para proteger o sistema financeiro global contra lavagem de dinheiro, financiamento do terrorismo e proliferação de armas de destruição em massa, após anos de estudo, divulgou os primeiros guias aplicáveis à criptoeconomia: o "Guidance for a Risk-Based Approach - Virtual Currencie" (FATF, 2015, p. 31, tradução da autora), no qual afirma que "as moedas virtuais convertíveis descentralizadas que permitem transações anônimas entre pessoas existem num universo digital totalmente fora do alcance de qualquer país em particular." e o *Prepaid Cards, Mobile Payments and Internet-Based Payment Services* (FATF, 2013), documento que indica uma série de orientações para mitigação de riscos na utilização de cartões pré-pagos, pagamentos pelo aparelho celular e pela internet.

As orientações têm como finalidade sinalizar ao mundo globalizado a importância de um novo segmento de mercado, a criptoeconomia, e os riscos que envolvem a lavagem de dinheiro.

Nessa linha, em outubro de 2019, o órgão publicou as suas novas definições interpretativas à Recomendação nº 1536 – International Standards on Combating Money Laundering and the Financing of Terrorism & Proliferation, abordando, dentre vários temas, a questão das criptomoedas, no entanto, o Brasil ainda não referendou essa recomendação, que se encontra em avaliação.

Nos Estados Unidos, o órgão U.S. Financial Crimes Enforcement Network (FinCEN) deverá lançar novos requisitos relacionados a criptomoedas após pesquisa e estudo sobre o assunto, sendo que o secretário do tesouro declarou que "as criptomoedas, como *bitcoin*, têm sido exploradas para sustentar bilhões de dólares em atividades ilícitas, como crimes cibernéticos, sonegação de impostos, extorsão, *ransomware*, drogas ilícitas, tráfico humano" (CHENG, 2020, on-line, tradução da autora).

No Brasil, além das iniciativas legislativas apontadas anteriormente, estima-se que seja criado um comitê interministerial formado por membros do Ministério da Economia, da RFB, do Banco Central do Brasil (BACEN), da CVM, do Conselho de Controle de Atividades Financeiras (COAF) e do Ministério da Ciência, Tecnologia e Inovações, contando ainda com a participação do mercado, da sociedade civil organizada, de indicados pelo Senado Federal e Câmara dos Deputados, como também da academia.

Tal medida se faz necessária em virtude da ausência de consenso quanto às classificações e riscos inerentes aos ativos digitais, demandando o desenvolvimento de uma estrutura de aprendizado institucional.

Recentemente, a China e a Índia baniram totalmente as criptomoedas por meio de legislações duras. No entanto, tem-se relatos que grandes mineradores estejam localizados na China, ou seja, nem sempre a legislação pode vencer a tecnologia.

Por outro lado, a China pretende, em breve, lançar sua moeda digital desenvolvida pelo Banco Popular da China, não será uma criptomoeda, mas uma alternativa digital do dinheiro físico. O plano tem como objetivo diminuir custos da produção de papel-moeda e aumentar o controle do governo sobre as transações, entretanto, há indícios de que o plano dos chineses é mais audacioso, pretendem obrigar os países com os quais têm relação comercial a aceitarem sua moeda digital, substituindo de forma natural e gradativa o dólar.

Em 2018, o The Law Library of Congress publicou o relatório Regulation of Cryptocurrency Around the World, o objetivo do estudo foi analisar o panorama jurídico e político em torno das criptomoedas em todo o mundo. No total, 130 países contribuíram para o trabalho. Constatou-se que:

> Algumas jurisdições impuseram restrições aos investimentos em criptomoedas, cuja extensão varia de uma jurisdição para outra. Algumas (Argélia, Bolívia, Marrocos, Nepal, Paquistão e Vietnã) proíbem toda e qualquer atividade que envolva criptomoedas. Catar e Bahrein têm uma abordagem um pouco diferente na medida em que barram seus cidadãos de se envolver em qualquer tipo de atividade envolvendo criptomoedas localmente, mas permitir cidadãos a fazê-lo fora de suas fronteiras. Existem também países que, embora não proíbam seus cidadãos de investir em criptomoedas impõem restrições indiretas, impedindo instituições dentro de suas fronteiras de facilitar transações envolvendo criptomoedas (Bangladesh, Irã, Tailândia, Lituânia, Lesoto, China e Colômbia) (THE LAW LIBRARY OF CONGRESS, 2018, p. 08, tradução da autora).

Observa-se, na Figura 3, que países como Bolívia, Egito e Irã têm proibição absoluta sobre a utilização das criptomoedas, e outros como a China fica implícita essa proibição.

Figura 3 - Regulação de criptomoeda no mundo

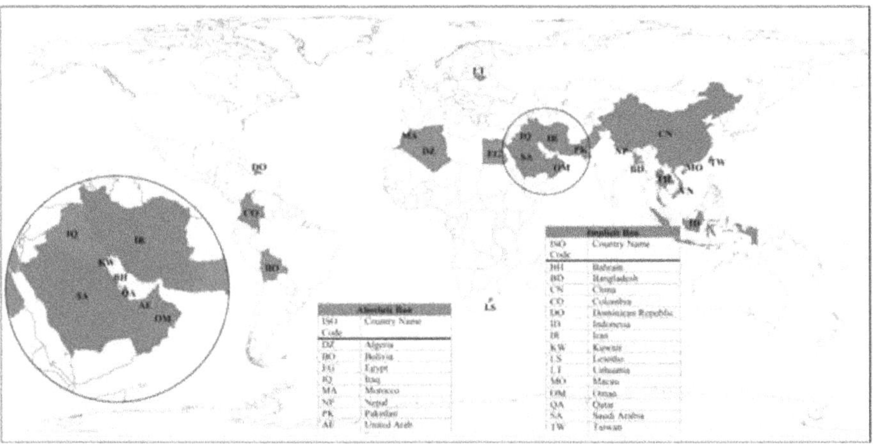

Fonte: The Law Library of Congress

Os entraves para a banir ou proibir o uso das criptomoedas estão centrados em ações legislativas, o que pode conter, em parte, sua dissipação, mas tecnicamente é impossível controlar um mecanismo que não tem viés estatal, nem tampouco, dono. Este fato gera grandes impasses para os governos, que por sua vez, buscam sistemas e maneiras para controlar algo que aparentemente não tem controle.

A REGULAMENTAÇÃO DO MERCADO DO CÂMBIO BRASILEIRO E OS OBJETIVOS DA CRIAÇÃO DE REGRAS RÍGIDAS PARA AS CRIPTOMOEDAS

6

6.1 *Benchmarking* da regulamentação do mercado tradicional e as *exchanges* de criptomoedas

O mercado de câmbio, conforme definição a seguir, atua por meio de regras estipuladas pelo Banco Central do Brasil (BCB):

> As corretoras de câmbio atuam, exclusivamente, no mercado de câmbio, intermediando operações entre clientes e bancos ou comprando e vendendo moedas estrangeiras de/para seus clientes, diretamente ou através de correspondentes cambiais (empresas contratadas por instituições financeiras e demais instituições autorizadas pelo Banco Central para a prestação de serviços de atendimento no mercado de câmbio). Também podem comprar ou vender moedas estrangeiras de/para outras instituições autorizadas a operar no mercado de câmbio (BANCO CENTRAL DO BRASIL, on-line).

Popularmente conhecidas como casas de câmbio, as corretoras também realizam operações financeiras de ingresso e remessa de valores do/para o exterior e operações vinculadas à importação e exportação de clientes pessoas físicas e jurídicas, desde que limitadas ao valor de US\$ 100.000,00 (cem mil dólares) ou seu equivalente em outras moedas.

Por outro lado, os bancos que operam em câmbio atuam sem limites de valor e podem até realizar outras modalidades de operações, como o financiamento às exportações/importações, adiantamentos sobre contratos de câmbio e operações no mercado futuro de dólar em bolsa de valores.

A competência do Banco Central para regular esse mercado foi estabelecida por meio da Lei nº 4.728 de 14 de julho de 1965, senão vejamos:

> Art. 2º O Conselho Monetário Nacional e o Banco Central exercerão as suas atribuições legais relativas aos mercados financeiro e de capitais com a finalidade de: [...]

> VI - regular o exercício da atividade corretora de títulos mobiliários e de câmbio.

Desse modo, para operar no mercado de câmbio brasileiro é necessária a concessão de autorização do Banco Central, que por meio da Resolução nº1170/90 estabelece que as empresas devem ser constituídas sob a forma de sociedade anônima ou por quotas de responsabilidade limitada, devendo constar na denominação social a expressão "corretora de câmbio", bem como seus administradores serem compostos por pessoas naturais e residentes no Brasil. Já a Resolução nº 2099/94 estabelece o valor mínimo de R$ 350.000,00 (trezentos e cinquenta mil reais) para o capital social.

Mediante a Circular nº 3.691/13, que entrou em vigor no ano de 2014 e que recentemente sofreu alterações, o Banco Central disciplinou e atualizou novos regramentos para o mercado de câmbio.

Nesse contexto, instituiu que as transações cambiais podem ser realizadas por pessoas físicas e jurídicas sem limitação de valor, cabendo a empresa de câmbio observar a legalidade da operação.

No tocante aos tipos de operações foram autorizadas as seguintes:

> a) compra e venda de moeda estrangeira, operações com ouro-instrumento cambial, operações em moeda nacional entre residentes, domiciliados ou com sede no país e residentes, domiciliados ou com sede no exterior;

> b) recebimentos, pagamentos e transferências do/para o exterior mediante

a utilização de cartões de uso internacional e operações referentes às transferências financeiras postais internacionais, inclusive vales postais e reembolsos postais internacionais.

Entretanto, outros tipos de operações foram definidos, conforme reza o regulamento:

Art.3º Aplica-se às operações no mercado de câmbio, adicionalmente, o seguinte:

I - as transferências financeiras relativas às aplicações no exterior por instituições financeiras e demais instituições autorizadas a funcionar pelo Banco Central do Brasil devem observar a regulamentação específica;

II- os fundos de investimento podem efetuar transferências do e para o exterior relacionadas às suas aplicações fora do País, obedecida a regulamentação editada pela Comissão de Valores Mobiliários (CVM) e as regras cambiais editadas pelo Banco Central do Brasil;

III – as transferências financeiras relativas a aplicações no exterior por entidades de previdência complementar devem observara regulamentação específica (BANCO CENTRAL DO BRASIL, 2013, p. 1 e 2).

Estipulou também os agentes autorizados a operar, que são: bancos múltiplos; bancos comerciais; caixas econômicas; bancos de investimento; bancos de desenvolvimento; bancos de câmbio; agências de fomento; sociedades de crédito, financiamento e investimento; sociedades corretoras de títulos e valores mobiliários; sociedades distribuidoras de títulos e valores mobiliários; e sociedades corretoras de câmbio.

Além disso, delimitou o que cada agente pode transacionar de acordo com sua estrutura organizacional e societária, conforme segue:

Art.34. Os agentes do mercado de câmbio podem realizar as seguintes operações:

I - bancos, exceto de desenvolvimento, e a Caixa Econômica Federal: todas as operações previstas nesta Circular;

II - bancos de desenvolvimento, sociedades de crédito, financiamento e investimento e agências de fomento: operações específicas autorizadas pelo Banco Central do Brasil;

III - sociedades corretoras de títulos e valores mobiliários, sociedades distribuidoras de títulos e valores mobiliários e sociedades corretoras de câmbio: a) operações de câmbio com clientes para liquidação pronta de até US$ 300.000,00 (trezentos mil dólares dos Estados Unidos) ou o seu equivalente em outras moedas; e b) operações para liquidação pronta no mercado interbancário, arbitragens no País e, por meio de banco autorizado a operar no mercado de câmbio, arbitragem como exterior;

IV - agências de turismo, observado o prazo de validade da autorização de que trata o art.36: compra e venda de moeda estrangeira em espécie, cheques e cheques de viagem relativos a viagens internacionais (BANCO CENTRAL DO BRASIL, 2013, p. 07).

Outro ponto importante é a obrigação de comunicação ao COAF sobre transações realizadas com países que não aplicam as recomendações do Grupo de Ação Contra Lavagem de Dinheiro e o Financiamento do Terrorismo.

Nesta regulamentação, contrato de câmbio é definido como "o instrumento específico firmado entre o vendedor e o comprador de moeda estrangeira, no qual são estabelecidas as características e as condições sob as quais se realiza a operação de câmbio."

Todas as informações referentes a operações de câmbio devem ser transmitidas por mensagem eletrônica via Sisbacen para o Catálogo de Serviços do Sistema Financeiro Nacional e as agências de turismo devem observar o limite diário operacional de US$ 200.000,00 (duzentos mil dólares).

A realização de operações no mercado de câmbio está sujeita à comprovação documental e deverá ser apresentada ao Banco Central quando este solicitar. Para operações de até US$ 3.000,00 (três mil dólares) é dispensada essa documentação. A documentação pessoal exigida, em geral, versa em torno do nome do remetente, do beneficiário, país, documentos de identificação e dados bancários.

Sujeitam-se às penalidades e demais sanções previstas na legislação a compra ou a venda de moeda estrangeira a taxas que se situem em patamares destoantes daqueles praticados pelo mercado ou que possam configurar evasão cambial e formação artificial ou, ainda, manipulação de preços.

É possível observar que o Banco Central detém profundo conhecimento do mercado de câmbio, uma vez que é responsável por sua regulação desde 1965 e, ao longo dessas décadas, preocupou-se em atualizar os regramentos por meio das diretrizes do setor, garantindo a segurança jurídica dos envolvidos sem sobrecarregar os agentes.

No entanto, no tocante às empresas que prestam serviços similares às corretoras de câmbio, como é o caso das *exchanges* de criptomoedas, a realidade é bem diferente. Outro órgão tomou a frente para legislar, controlar e fiscalizar esse tipo de empresa, uma vez que até a presente data não há regulamento específico para o setor, e assim, a Receita Federal do Brasil passou a intervir nesse cenário, que a princípio seria de competência do Banco Central.

Quais são, portanto, as competências da Receita Federal do Brasil? Em seu sítio eletrônico, elencam-se, de forma sintetizada, as seguintes:

- Marcador administração dos tributos internos e do comércio exterior;

- Marcador gestão e execução das atividades de arrecadação, lançamento, cobrança administrativa, fiscalização, pesquisa e investigação fiscal e controle da arrecadação administrada;

- Marcador gestão e execução dos serviços de administração, fiscalização e controle aduaneiro;

- Marcador repressão ao contrabando e descaminho, no limite da sua alçada;

- Marcador preparo e julgamento, em primeira instância, dos processos administrativos de determinação e exigência de créditos tributários da União;

- Marcador interpretação, aplicação e elaboração de propostas para o aperfeiçoamento da legislação tributária e aduaneira federal;

- Marcador subsídio à formulação da política tributária e aduaneira;

- Marcador subsídio à elaboração do orçamento de receitas e benefícios tributários da União;

- Marcador interação com o cidadão por meio dos diversos canais de atendimento, presencial ou a distância;

- Marcador educação fiscal para o exercício da cidadania;

- Marcador formulação e gestão da política de informações econômico-fiscais;

- Marcador promoção da integração com órgãos públicos e privados afins, mediante convênios para permuta de informações, métodos e técnicas de ação fiscal e para a racionalização de atividades, inclusive com a delegação de competência;

- Marcador atuação na cooperação internacional e na negociação e implementação de acordos internacionais em matéria tributária e aduaneira (RECEITA FEDERAL DO BRASIL, on-line).

Por meio do decreto nº 63.659 de 20 de novembro de 1968, foi criada a Receita Federal do Brasil, também chamada de Secretaria da Receita Federal. É um órgão subordinado ao Ministério da Fazenda e responsável por administrar tributos da União, incluindo as contribuições previdenciárias e do comércio exterior. Dentre as competências do órgão estão o combate ao contrabando, fraudes comerciais, tráficos, sonegação fiscal e pirataria.

De acordo com a entidade, sua missão é "exercer a administração tributária e aduaneira com justiça fiscal e respeito ao cidadão, em benefício da sociedade" (RECEITA FEDERAL DO BRASIL, on-line). Para isso, o órgão tem como valores a integridade, lealdade, legalidade, profissionalismo, respeito ao cidadão e transparência.

Diante das atribuições e responsabilidades do ente federal apresentadas, não faz sentido a elaboração da Instrução Normativa nº 1888/19 (alterada pela 1899/19), na qual exige que todas as operações realizadas com criptomoedas nas *exchanges* com sede no Brasil, ou entre pessoas físicas, sejam enviadas ao fisco federal, mediante o Centro Virtual de Atendimento ao Contribuinte (e-CAC).

Nessa linha de conduta, observa-se que tais obrigações não são praticadas pelo mercado de câmbio tradicional em nenhum momento. Conforme demonstrado anteriormente, esse setor sujeita-se a tais regramentos e imposições.

À vista disso, a questão trazida à baila é se a Receita Federal do Brasil tem base legal para exigir o envio das operações envolvendo criptomoedas no Brasil, haja vista que não enumera em seu rol de competências e atribuições tal questão, deixando margem a uma legalidade duvidosa.

Com o levantamento de todas as informações do setor, o Fisco deterá em seu poder dados que não são de sua responsabilidade e facilmente poderá "cruzar" com informações de sua própria base, o que poderá implicar na cobrança de imposto sobre suposto "ganho de capital", podendo até acrescer multas e juros por um período de até 05 (cinco) anos da transação (prazo prescricional para a autuação tributária).

Outro ponto relevante são as operações de permuta, pois caso o Fisco entenda que se trata de liquidação de ativo, poderá cobrar imposto de renda sobre ganhos de capital e estará diante de um ganho meramente ficcional, totalmente afastado do critério constitucional limitador da tributação brasileira conhecido como "capacidade contributiva".

Segundo Regina Helena Costa (1993, p. 101), o princípio da capacidade contributiva é "a aptidão, da pessoa colocada na posição de destinatário legal tributário, para suportar a carga tributária, sem o perecimento da riqueza lastreadora da tributação".

Esta polêmica envolvendo o tema permuta é bem conhecida pelas empresas do ramo imobiliário, porém, ganhou novos contornos quando o

Superior Tribunal de Justiça se manifestou no seguinte sentido:

> [...] o contrato de troca ou permuta não deverá ser equiparado na esfera tributária ao contrato de compra e venda, pois não haverá, na maioria das vezes, auferimento de receita, faturamento ou lucro na troca. Nesse sentido a lição do professor Roque Antônio Carrazza, em seu livro Imposto sobre a Renda, ed. Malheiros, 2ª edição, pag.45, para quem "renda e proventos de qualquer natureza são os acréscimos patrimoniais líquidos ocorridos entre duas datas legalmente predeterminadas." (SUPERIOR TRIBUNAL DE JUSTIÇA, 2018, on-line).

Adotando-se o mesmo critério jurídico para o mercado de criptoativos, por analogia, pode-se considerar que a permuta de criptomoedas não geraria tributação a pagar.

Vale ressaltar que o texto da Instrução Normativa nº 1.888 manifestou-se no sentido de que os criptoativos:

> [são] a representação digital de valor denominada em sua própria unidade de conta, cujo preço pode ser expresso em moeda soberana local ou estrangeira, transacionado eletronicamente com a utilização de criptografia e de tecnologias de registros distribuídos, que pode ser utilizado como forma de investimento, instrumento de transferência de valores ou acesso a serviços, e que não constitui moeda de curso legal", no entanto, segundo a CVM, ainda não está claro se os criptoativos podem ser considerados um ativo financeiro (BRASIL, 2019, on-line).

Ou seja, é passível que em breve tenha-se um grande debate nos tribunais brasileiros acerca da tributação da permuta integralmente realizada com criptoativos, assim como aconteceu no caso dos imóveis.

6.2 A criação de regras mais severas com o objetivo de controlar o mercado

A Receita Federal do Brasil informa que "quanto à obrigatoriedade de prestação de informações pelas *exchanges* domiciliadas no Brasil, não existe limite de valor. Portanto, todas as operações devem ser informadas." (RE-CEITA FEDERAL DO BRASIL, 2019, on-line).

Conforme evidenciado acima, o Manual de preenchimento da obrigatoriedade de prestação de informações relativas às operações realizadas com criptoativos à Secretaria Especial da Receita Federal do Brasil (RFB) obrigou que todas as operações devem ser informadas, sob pena de incorrer multas. Mas, qual o propósito de impor regras mais severas ao mercado de criptoativos?

Por meio da Consulta Pública RFB n° 06/2018 (RECEITA FEDERAL DO BRASIL, 2018), o Fisco fez a sua exposição de motivos que justificariam a imposição de regras rígidas para o setor. São eles:

i) o aumento significativo do mercado de criptoativos nos últimos anos; previsão de negociações que atinjam valor entre 18 e 45 bilhões de reais;

ii) a relevância do mercado de criptoativos para o país, principalmente para a administração tributária, tendo em vista que as operações estão sujeitas à incidência do imposto de renda sobre o ganho de capital;

iii) combater agentes anônimos, a fim de diminuir a prática criminosa;

iv) a viabilização e a verificação da conformidade tributária;

v) aumentar os insumos na luta pelo combate à lavagem de dinheiro e corrupção;

vi) aumentar a percepção de risco em relação a contribuintes com intenção de evasão fiscal.

Nota-se que há uma nítida intenção do órgão em tributar, sem que, para tanto, tenha legislação sobre o tema, nem, tampouco, competência para tanto.

O fato desse mercado precisar de regulamentação e fiscalização é notório, haja vista que os valores envolvidos ultrapassam cifras milionárias, sem contar a facilidade para aplicação de golpes e crimes.

Ocorre, que criar regras com o puro intuito de tributar "ganho de capital" não irá trazer benefícios para o setor, nem, tampouco, garantirá segurança jurídica para as partes envolvidas.

6.3 O excesso de burocracia não consegue deter a tecnologia

As obrigações que a normativa do Fisco trouxe exigem, por meio de um formato específico, que as *exchanges* e/ou as pessoas físicas e jurídicas investidoras ou atuantes no mercado informem as transações em criptoativos que forem realizadas, indicando, dentre outros dados, valores, partes envolvidas e a identificação do criptoativo utilizado

Após um ano de implementação das obrigações, observa-se que, na prática, as empresas do setor, a priori, têm cumprido com o requerido, bem como as pessoas físicas/jurídicas, conforme aponta os dados abertos da Receita Federal do Brasil indicados na Tabela 1, a seguir.

Tabela 1 -Relatório nº 1: Por período mensal e por tipo de declaração. Apresenta o total dos valores das operações e a sua quantidade e pelo tipo de contribuinte declarante: Pessoa Física –PF ou Pessoa Jurídica –PJ.

| MÊS/ANO | Declarações (Valores em milhões de R$) | | | | | | | Total Geral |
| | Com uso de exchanges no exterior | | | Sem o uso de exchanges | | | Exchanges | |
	PF	PJ	Subtotal	PF	PJ	Subtotal	Somente PJ	
08/2019	239,60	209,52	449,12	246,80	797,23	1.044,03	2.537,75	4.030,90
09/2019	242,35	4.716,57	4.958,91	194,82	905,42	1.100,24	2.750,21	8.809,36
10/2019	301,12	3.279,32	3.580,43	314,70	1.205,14	1.519,83	3.453,20	8.553,47
11/2019	6,67	3.244,78	3.251,45	1,99	1.031,10	1.033,10	2.974,18	7.258,73
12/2019	82,96	1.114,85	1.197,81	87,12	2.397,13	2.484,25	3.056,23	6.738,29
01/2020	372,18	1.809,10	2.181,28	602,11	1.461,17	2.063,28	3.306,38	7.550,93
02/2020	87,45	6.094,64	6.182,09	91,63	948,28	1.039,92	3.597,78	10.819,79
03/2020	10,56	5.268,44	5.279,00	189,97	1.098,28	1.288,25	2.573,07	9.140,32
04/2020	9,81	4.671,59	4.681,40	2,63	302,30	304,93	1.757,08	6.743,41
05/2020	8,81	6.232,01	6.240,81	8,26	354,21	362,46	2.828,24	9.431,51
06/2020	12,44	3.635,91	3.648,35	7,25	857,34	864,59	3.188,91	7.701,86
07/2020	9,98	7.329,96	7.339,95	59,28	1.058,09	1.117,37	5.200,05	13.657,37
08/2020	28,14	6.376,38	6.404,52	9,92	1.245,84	1.255,76	4.416,40	12.076,68
09/2020	5,27	586,58	591,85	96,46	1.184,50	1.280,97	4.654,23	6.527,04
10/2020	4,58	472,62	477,20	37,04	1.184,05	1.221,10	4.211,85	5.910,15

Fonte: Receita Federal do Brasil, publicado em 02/11/2020.

Os números são impressionantes, além do Relatório nº 1, os relatórios de número dois a quatro encontram-se disponíveis nos Anexos A, B e C, respectivamente. Observa-se um mercado dominado, em sua maioria, por homens (ANEXO B), porém o que salta aos olhos é a quantidade de empresas que transacionaram com *exchanges* do exterior, como mostra a Tabela 1. Seria essa uma forma alternativa de envio/recebimento de dinheiro sem os entraves burocráticos? Ou uma forma de lavagem de dinheiro?

Mas, como fiscalizar e identificar quem não enviou a declaração ao fisco? Atualmente não existem mecanismos tecnológicos suficientemente capazes de descrever todas as transações realizadas no Brasil, o que leva a crer que esses números podem ser bem maiores do que o apresentado, talvez seja apenas a ponta do *iceberg*.

Outras iniciativas estão sendo criadas no Brasil para tentar coibir os crimes relacionados às criptomoedas, como é o caso da plataforma www.blocksherlock, elaborada pelo Núcleo de Operações com Criptoativos da Coordenação Geral de Combate ao Crime Organizado (NOC), da Diretoria de Operações e Secretaria de Operações Integradas (DIOP/SEOPI) vinculadas ao Ministério da Justiça e Segurança Pública, cujo objetivo é conectar unidades brasileiras responsáveis por investigações de crimes de qualquer natureza que envolvam criptoativos, visando, ainda, o compartilhamento de boas práticas.

Além disso, a Associação Brasileira de Criptoeconomia (ABCripto), fundada em 2017, criou o Código de Conduta e Autorregulação, numa tentativa de estabelecer regras que possam ajudar a organizar a governança do setor, a monitorar a adoção de boas práticas pelas corretoras e, principalmente, contribuir para evitar o mau uso do mercado. Assim, entendeu necessário a realização do cadastro das *exchanges* perante o COAF, conforme segue:

> 40. As *Exchanges* devem requerer ao COAF a realização de cadastro ao Sistema de Controle de Atividades Financeiras ("SISCOAF"), via https://siscoaf.fazenda.gov.br, ainda que não figurem como uma das Pessoas Obrigadas previstas no artigo 9º, como se tem observado da interlocução entre o segmento e o órgão de supervisão nos últimos anos. A norma que disciplina este cadastro – e que pode servir de parâmetro às *Exchanges* -é a Carta-Circular COAF nº 1, de 1º de dezembro de 201437("Carta- Circular 1/COAF").

41. Ao realizar o cadastro, a *Exchange* passa a ter acesso a um canal de relacionamento exclusivo com o COAF, que lhe permite atualizar seus dados, efetuar comunicações, receber informações de interesse, verificar a conformidade com as normas pertinentes, consultar lista de pessoas politicamente expostas, entre outras funcionalidades (GOMES; GONÇALVES JUNIOR, 2020, p. 17 e 18).

Diversas são as burocracias impostas para conter o avanço tecnológico desse setor, muitas delas necessárias, mas o que se pode observar é um crescimento exponencial desenfreado, sem limites.

Dessa forma, na medida em que a tecnologia evolui, os mercados evoluem e a regulação se ajusta.

CONSIDERAÇÕES FINAIS

Uma nova fase da História está sendo escrita e, gradativamente, a moeda papel vem caindo em desuso, substituída por tecnologias, que em segundos, transferem dinheiro para qualquer lugar do planeta.

O momento atual em que vive a humanidade remete à grandes mudanças já vividas no passado, mas nunca com tanta velocidade e integração da população mundial. Surgem, assim, grandes desafios para os governantes que precisam assimilar, compreender e ditar as novas regras dessa imensidão de modificações tecnológicas que afetam diretamente a ordem econômica e transformam o meio social e cultural.

Nessa concepção, iniciou-se a digitalização da área financeira e mudanças conceituais trouxeram novas realidades, como o envio e recebimento de uma moeda sem a necessidade de um banco intermediando a relação e a ausência do Estado controlador das regras monetárias. Essa nova revolução foi chamada de *Bitcoin*, descentralizado, criptografado e utilizado via internet, aos poucos conquistou o mundo, e foi considerado a primeira criptomoeda a funcionar plenamente.

Observou-se que as criptomoedas podem ser utilizadas como meio de troca, da mesma maneira que o dinheiro, e encontram-se vinculadas a, praticamente, todos os outros tipos de atos, negócios e situações jurídicas regulamentadas. Por outra banda, é admissível associá-las a outras categorias de valor econômico ou novos negócios bem diferentes dos até então conhecidos, como a mineração, os *hard fork* (divisões no protocolo responsáveis pela bifurcação na estrutura original, criando uma nova criptomoeda resgatável aos investidores), as ICOs, os *smart contract* e, até mesmo, as operações das *exchanges*.

A tecnologia disruptiva que proporcionou toda essa mudança foi chamada de Blockchain e não se ateve apenas à área financeira, como também vem transformando diversos setores da economia, trazendo a possibilidade de um sistema de controle passível de rastreabilidade e inalterabilidade.

Após uma década do surgimento dessa nova modalidade de moeda, o que se constata é um mercado estruturado, segmentado, globalizado e em plena ascensão, responsável por movimentar trilhões de dólares.

A necessidade de conter essa nova febre contribuiu para que países iniciassem a elaboração de marcos regulatórios sobre o tema, estabelecendo diretrizes, regras e tributos, objetivando trazer segurança jurídica para a sociedade e garantir a soberania monetária.

No Brasil, tendo em vista a omissão do Banco Central Brasileiro sobre o assunto, uma série de projetos de leis, tanto na esfera federal quanto estadual tentam regular a matéria.

Diante da ausência legislativa e de entendimentos governamentais, a Receita Federal do Brasil estabeleceu o pagamento de imposto de renda nas operações que se obtenham ganhos e, posteriormente, por meio da Normativa 1.888/19, definiu o conceito de criptoativos e *exchange* impondo obrigações acessórias ao mercado que extrapolam veementemente as suas competências, exigindo, assim, que todos os tipos de transações realizadas no Brasil, independentemente do valor, sejam repassadas mensalmente para o órgão, inclusive, o descumprimento poderá acarretar penalidade.

Em que pese, conforme legislação, o órgão responsável por regular o exercício da atividade de câmbio é o Banco Central, e a definição dada para *exchange* pelo Fisco equipara- se às corretoras de câmbio tradicionais. Nessa vertente, é notório que o órgão invadiu a competência de outra esfera, extrapolando suas funções e diretrizes.

Outro ponto que corrobora tal entendimento é que as obrigações requeridas são típicas de empresas equiparadas a instituições financeiras, no entanto, a normativa aplica-se a pessoas físicas e jurídicas de qualquer natureza, trazendo, assim, um rigor excessivo e desproporcional. Foi traçado um paralelo com as normas do mercado tradicional de câmbio e constatou-se que essas são estruturadas, claras e condizentes com o tipo de cada operação realizada, não é solicitada a esmo toda e qualquer informação e as obrigações condizem com as transações e os valores empregados.

O rigor excessivo aplicado nesse novo mercado, praticado por um único órgão de forma isolada, pode traduzir a necessidade deste em querer fiscalizar e controlar os usuários/empresas adeptas às criptomoedas com o intuito de realizar algum tipo de "cruzamento" de informações objetivando, quem sabe, impor outros tributos ou até mesmo realizar algum tipo de investigação de âmbito penal.

No âmbito tributário, o imposto sobre a renda (income taxes) já é aplicado em vários países, embora não signifique que seja realmente tributado, uma vez que os contribuintes, por deliberação própria, podem não fazer a declaração, assim como ocorre com outros tipos de renda.

Entrementes, quando as criptomoedas são empregadas como meio de pagamento ou sobre o consumo, surgem ainda grandes debates. O tributo IVA, por exemplo, um dos mais utilizado na Europa, está sofrendo grandes impactos para se adaptar a essas novas formas de transações, uma vez que a sua referência se dá pelo local de transação, algo difícil de estabelecer nesses tipos de operações.

A esfera judicial vem sendo utilizada como forma de dirimir tais questões e já contribuiu com definições e conceitos que, a priori, deveriam ter sido elaborados por outros poderes. Assim, mediante decisão inédita, a Corte de Justiça da União Europeia se manifestou no sentido de que as transações envolvendo criptomoedas não integram o conceito de "entrega de bens", tratando-se essencialmente de serviços. Dessa forma, nos casos de as operações realizadas pelas *exchanges*, quando prestado os serviços de câmbio com a moeda tradicional, estarão isentas do tributo IVA.

O que se verificou no sistema tributário brasileiro, por ser mais complicado em comparação com outros países, é que há mais dificuldades para o enquadramento correto do tributo, haja vista que a área tributária possui um caráter rígido, complexo e de repartição de competências. O que poderia acarretar, facilmente, na classificação em mais de um tipo de tributo, ocasionando a bitributação ou até mesmo uma guerra fiscal entre os entes federados.

Razão pela qual é de suma importância, antes da aplicação tributária, definir quem será o ente federado competente para tributar essas novas operações. Atualmente, não há nenhum direcionamento sobre o assunto no âmbito Executivo e no Legislativo, uma vez que os projetos em tramitação estão em análise desde 2015.

Considerando as experiências de alguns países que classificaram as criptomoedas como uma espécie de dinheiro, entende-se essa vertente como sendo a mais factível para o Brasil. Dessa forma, o Banco Central seria o órgão responsável pela regulamentação do setor e as *exchanges* seriam equiparadas às casas de câmbio, seguindo, assim, as diretrizes e normativas do setor de câmbio. Com isso, a competência de tributação seria da União Federal, incidindo diretamente o imposto IOF-Câmbio.

Uma nova forma monetária de atuação já se encontra em andamento e seus efeitos ainda são discretos, porém, já provocam desconfiança e insegurança jurídicas. O direito precisa evoluir na mesma direção a fim de garantir e assegurar as melhores práticas, o menor risco e, principalmente, construir um alicerce para as futuras gerações que serão impactadas diretamente pelo que é vivenciado hoje.

Por fim, se a tecnologia supera fronteiras e impõe uma nova forma monetária de atuação, o direito precisa evoluir na mesma direção.

REFERÊNCIAS

AB2L. Teresina será pioneira no mundo no uso de Blockchain no transporte público. 2017. Disponível em: https://ab2l.org.br/teresina-sera-pioneira-no-mundo-no-uso-de-blockchain-no-transporte-publico/. Acesso em: 30 jul. 2020.

ASSOCIAÇÃO LIBRA. Artigo Técnico Libra. Libra Org., 2019. Disponível em: https://libra.org/pt-BR/white-paper/. Acesso em: 01 jul. 2019.

ANTONOPOULOS, Andreas M. Mastering *bitcoin*: programming the open blockchain. 1. ed. California: O'Reilly, 2017.A internet do Dinheiro. Tradução coletiva. São Paulo: Em Rede Editora, 2018.

BAL, Aleksandra. How to tax *bitcoin*? In: LEE, K. C. D. (Edt.). Handbook of Digital Currency: *Bitcoin*, Innovation, Financial Instruments, and Big Data. Elsevier Inc., 2015, p. 267-282.

BARBOSA, Mafalda Miranda. Blockchain e responsabilidade civil: inquietações em torno de uma realidade nova. Revista de Direito da Responsabilidade, Coimbra, ano 1, v. 1, p. 206- 244, jan. 2019.

BASTIANI, Amanda. Salários pagos em criptoativos ganham mais reconhecimento regulatório em todo o mundo. Cripto Fácil, 2019a. Disponível em: https://www.criptofacil.com/salarios-pagos-em-criptoativos-ganham-mais-reconhecimento- regulatorio-em-todo-o-mundo/ . Acesso em: 10 jul. 2020.Filipinas cada vez mais amigável às criptomoedas, 2019b. Disponível em: https://www.criptofacil.com/filipinas-cada-vez-mais-amigavel-as-criptomoedas/ Acesso em: 04 ago. 2020.

BANCO CENTRAL DO BRASIL. Estatísticas do setor externo, 2020.

Disponível em: https://www.bcb.gov.br/estatisticas/estatisticassetorexterno. Acesso em: 05 ago. 2020.

. Diretoria Colegiada. Circular nº 3.691, de 16 de novembro de 2013. Regulamenta a Resolução nº 3.568, de 29 de maio de 2008, que dispõe sobre o mercado de câmbio e dá outras providências. Diário Oficial da União: Brasília, DF, 2013. Disponível em: https://www.bcb.gov.br/htms/normativ/Circular3691.pdf?r=1. Acesso em: 10 set. 2020. O que é corretora de câmbio? BCB, [20-- ?]. Disponível em: bcb.gov.br/estabilidadefinanceira/corretorascambio. Acesso em: 05 set. 2020.

BARRABI, Thomas. As Trump targets Libra, Facebook's cryptocurrency faces 'uphill climb' after call for bank charter. Fox Business, 2019. Disponível em: https://www.foxbusiness.com/technology/trump-libra-facebook-cryptocurrency-regulation. Acesso em: 18 jul. 2020.

BECK, Ulrick. O que é globalização? Equívocos do globalismo: resposta à globalização. São Paulo: Paz e Terra, 1999.

BITVALOR. Índice BRXBT. BitValor, 2020. Disponível em: https://bitvalor.com/brxbt. Acesso em: 26 jul. 2020.

BLANDIN, A.; CLOOTS, A. S.; HUSSAIN, H.; RAUCHS, M.; SALEUDDIN, R.; ALLEN,

J. G.; et al. Global cryptoasset regulatory landscape study. Cambridge: Cambridge Center for Alternative Finance, 2019.

BRANDÃO, Thaís. Jucec implementa tecnologia blockchain para fortalecer segurança do banco de dados Thaís Brandão. JUCEC, 2018. Disponível em: https://www.jucec.ce.gov.br/2018/05/22/jucec-implementa-tecnologia-blockchain-para-   fortalecer-seguranca-do-banco-de-dados/. Acesso em: 25 jul. 2020.

BRASIL. Instrução Normativa n. 1.888 de 3 de maio de 2019. Institui e disciplina a obrigatoriedade de prestação de informações relativas às operações realizadas com criptoativos à Secretaria Especial da Receita

Federal do Brasil (RFB). Brasília, 7 maio 2019. Seção 1, p.14. Disponível em: in.gov.br/web/dou/-/instruÇÃo-normativa-nº-1.888-de-3-de-maio-de-2019-87070039#:~:text=DISPOSIÇÕES%20GERAIS-

,Art.,Federal%20do%20Brasil%20(RFB). Acesso em: 14 set. 2020.

CARNEIRO, Claudio. Impostos Federais, Estaduais e Municipais. 6. ed. São Paulo: Saraiva, 2018. E-book.

CARRAZA, Roque Antonio. Reflexões sobre a obrigação tributária. São Paulo: Noeses, 2010.

CASTRO, Rodrigo. Os riscos da Libra, a criptomoeda do Facebook. E-commerce Brasil, 2019. Disponível em: https://www.ecommercebrasil.com.br/artigos/os-riscos-da-libra-criptomoeda-do-facebook/. Acesso em: 30 dez. 2020.

CHAPMAN, James; WILKINS, Carolyn A. Crypto "Money": Perspective of a Couple of Canadian Central Bankers. Bank of Canada, 2019. Disponível em: https://www.bankofcanada.ca/wp-content/uploads/2019/02/sdp2019-1.pdf. Acesso em: 20 jun. 2020.

CHENG, Yilun. Trump administration to release new FinCEN requirements for cryptos, Mnuchin tells Congress. The Block, 2020. Disponível em: https://www.theblockcrypto.com/post/55734/trump-administration-to-release-new-fincen- requirements-for-cryptos-mnuchin-tells-congress. Acesso em: 21 jan. 2020.

CID, Isabel. Las Nuevas Tecnologías y su impacto en los Derechos Humanos. Hacia un nuevo enfoque. Cuadernos Electrónicos de Filosofía Del Derecho, n. 40, jun., 2019. Disponível em: https://ojs.uv.es/index.php/CEFD/article/view/13035/pdf. Acesso em: 15 jan. 2020.

CLARK, B.; McKENZIE, B. Blockchain and IP Law: A Match Made In Crypto Heaven? 2018. Disponível

em: http://www.wipo.int/wipo_magazine/en/2018/01/article_0005.html. Acesso em: 31 jul. 2020.

CNBSP. Disrupção do Blockchain é um dos temas do XXI Congresso Notarial Brasileiro. 2016.Disponívelem:https://www.cnbsp.org.br/?pG=X19le-GliZV9ub3RpY2lhcw==&in=MTI4MTM=&filtro=1 -- Acesso em 26 jul. 2020.

COMMONWEALTH OF AUSTRALIA. Budget 2017-18, 2017.Disponível em:

https://archive.budget.gov.au/2017-18/bp2/bp2.pdf. Acesso em: 05 ago. 2020.

CONGRESS.GOV. H. R. 4813. To prohibit large platform utilities from being a financial institution or being affiliated with a person that is a financial institution, and for other purposes, 2019. Disponível em: https://www.congress.gov/116/bills/hr4813/BILLS- 116hr4813ih.pdf. Acesso em: 05 ago. 2020.

CONTRADER MONITOR. Volumes das *exchanges* de Janeiro a Dezembro de 2019. Contraider Monitor, 2020. Disponível em: https://cointrader-monitor.com/preco-*bitcoin*- brasil .Acesso em: 22 jun. 2020.

CUNHA, Gustavo. 1 vídeo (1h11min30s). Libra: a stablecoin do Facebook. Publicado pelo canal Gustavo Cunha, 2019. Disponível em: https://www.youtube.com/watch?v=nbinblnH9rg. Acesso em: 15 jul. 2019.

COSTA, Regina Helena. Princípio da capacidade contributiva. São Paulo: Malheiros, 1993.

DE FILIPPI, Primavera; WRIGHT, Aaron. Blockchain and the Law: the Rule of Code. Harvard University Press: Cambrige, Massachusetts: 2018.

DELOITTE. Deloitte's 2020 Global Blockchain Survey: From promise to reality, 2020. Disponível em: https://www2.deloitte.com/content/dam/insights/us/articles/6608_2020- global-blockchain-survey/DI_CIR%202020%20global%20blockchain%20survey.pdf. Acesso em: 30 jul. 2020.

DE LUCCA, Newton. Aspectos jurídicos da contratação informática e Telemática. São Paulo: Saraiva, 2003.

DERZI, Misabel Abreu Machado. A necessidade de instituição do IVA no sistema constitucional tributário brasileiro. Belo Horizonte: Del Rey, 1999.

DRESCHER, Daniel. Blockchain básico: uma introdução na técnica em 25 passos. Tradução de Lucia A. Kinoshita. São Paulo: Novatec Editora, 2018.

ELLUL, Jacques. The technological society. New York: Vintage Books, 1967.

ETHEREUM. White Paper. Ethereum Foundation, 2014. Disponível em: https://github.com/ethereum/wiki/wiki/WhitePaper/08e9d07781f50dac264314a551b5ba060a0 7c06a. Acesso em: 26 dez. 2018.

FARIA, Eduardo José. O Direito na Economia Globalizada. 1 ed. São Paulo: Malheiros, 2002.

FATF. Guidance for a Risk-Based Approach - Virtual Currencie, 2015. Disponível em: https://www.fatf-gafi.org/media/fatf/documents/reports/Guidance-RBA-Virtual- Currencies.pdf. Acesso em: 21 ago. 2020. Prepaid Cards, Mobeli Payments and Internet-Based Payment Services, 2013. Disponível em: https://www.amlo.moj.gov.tw/media/7187/74511195271.pdf?mediaDL=true. Acesso em: 21 ago. 2020.

FIGUEIREDO, Davi. Aplicativo brasileiro para licitações em blockchain é premiado em evento internacional. eLicitação, 2020. Disponível em: https://elicitacao.com.br/2020/02/06/aplicativo-brasileiro-para-licitacoes-em-blockchain-e- premiado-em-evento-internacional. Acesso em: 26 jul. 2020.

FOLLADOR, Guilherme Broto. Criptomoedas e competência tributária. Revista Brasileira de Políticas Públicas: Direito e Mundo Digital, v. 7, n. 03, dez., 2017. Disponível em: https://www.publicacoesacademicas.uniceub.br/RBPP/article/view/4925. Acesso em: 25 set. 2020.

GHIRARDI, Maria do Carmo Garcez. Novas tecnologias e soberania: reflexões sobre a chamada 'criptomoeda (Doutorado em Direito) – Universidade de São Paulo, São Paulo, 2019. Disponível em: https://repositorio.usp.br/item/002958514. Acesso em: 02 jan. 2021.

GOMES, Tiago Severo Pereira; GONÇALVES JUNIOR, Aylton; Manual de Boas Práticas em Prevenção à Lavagem de Dinheiro e ao Financiamento do Terrorismo para *Exchanges* brasileiras. Associação Brasileira de Criptoeconomia, 2020. Disponível em: https://www.abcripto.com.br/autorregulacao-abcripto. Acesso em: 18 set. 2020.

GRAU, Eros Roberto. A Ordem Econômica na Constituição de 1988. 8 ed. São Paulo: Malheiros Editores, 2003.

GUERRA, Leandro. Como os Governos Estão Usando o Blockchain – o caso Estônia. Portal do *Bitcoin*, 2018. Disponível em: https://portaldo*bitcoin*.uol.com.br/governos-estao-se- usando-o-blockchain-o-caso-estonia/. Acesso em: 26 jul. 2020.

GUSSON, Cassio. Conselho Nacional de Justiça quer bloquear *Bitcoin* em *exchanges* assim como faz com dinheiro em contas bancárias. Coin Telegraph, 2020. Disponível em: https://cointelegraph.com.br/news/national-justice-council-plans-to-block-*bitcoin*-on- *exchanges*-in-brazil. Acesso em: 13 ago. 2020

HAYEK, Friedrich August. Desestatização do Dinheiro: Uma análise da teoria e prática das moedas simultâneas. São Paulo: Instituto Ludwig von Mises. Brasil, 2011.

HENKELMANN, Stefan; DAHMEN, Lennart J. Blockchain & Criptocurrency Regulation 2020: Germany. Global Legal Insights, 2020. Disponível em: https://www.globallegalinsights.com/practice-areas/blockchain-laws-and- regulations/germany. Acesso em: 20 set. 2020.

HENRIQUE, Matheus. As 50 criptomoedas que mais valorizaram em 2020. Live Coins, 2020. Disponível em: https://livecoins.com.br/as-50-cripto-moedas-que-mais-valorizaram-em-2020/. Acesso em: 28 dez. 2020.

HIGA, Paulo. EUA mandam Facebook interromper lançamento de cripto-moeda Libra. Tecnoblog, 2019. Disponível em: https://tecno-blog.net/297237/eua-mandam-facebook- interromper-lancamento-de-criptomoeda-libra/ Acesso em: 15 ago. 2020.

HOLANDA, Nilson. Introdução à Economia. Da Teoria à Prática e da Visão à Macroperspectiva. 8. ed. Petrópolis: Vozes, 2002.

INFOMONEY. Libra do Facebook, busca aprovar moeda digital com novo nome: Diem Network. InfoMoney, 2020. Disponível em: https://www.infomoney.com.br/minhas- financas/libra-do-face-book-busca-aprovar-moeda-digital-com-novo-nome-diem-network/ Acesso em: 30 dez. 2020.

LIMA, José Paulo da Silva. Dissertação de Mestrado. Validação de dados através de hashes criptográficos: uma avaliação na perícia forense com-putacional brasileira. 117f. Dissertação (Mestrado em Ciência da Com-putação) - Centro de Informática, Universidade Federal de Pernam-buco, Recife, 2015. Disponível em: https://reposito-rio.ufpe.br/bitstream/123456789/15966/1/Mestrado%20-%20CIn-UFPE%20-

%20Jos%C3%A9%20Paulo.pdf. Acesso em: 10 mar. 2021.

LOPES, João do Carmo; ROSSETTI, José Paschoal. Economia Monetária. 9. ed. São Paulo: Atlas, 2005.

MEDEIROS, Fávio. Uma breve história sobre Criptografia. Crypto Id, 2015. Disponível em: https://cryptoid.com.br/banco-de-noticias/a-historia-da-criptografia/. Acesso em: 29 jul. 2020.

MEIRELES, Hely Lopes. Imposto Devido por Serviço de Concretagem. Re-vista dos Tribunais, v. 453, ano 62, p. 45-52, jul., 1973.

MISES, Ludwing Von. Ação Humana: um tratado de economia. São Paulo: Instituto Ludwing von Mises Brasil, 2010.

MURPHY, Dean. Smart Contracts – From Ethereum to Potential Banking Use Cases. Londres: Fintech Network, 2016.

MOUGAYAR, William. Blockchain para negócios: promessa, prática e aplicação da nova tecnologia da internet. Rio de Janeiro: Alta Books, 2017.

NAKAMOTO, Satochi. *Bitcoin*: a Peer-to-Peer Electronic Cash System.*Bitcoin*.org,2008.Disponível em: https://*bitcoin*.org/*bitcoin*.pdf. Acesso em 01 jul. 2019.

NUNES, Mateus. Criptomoedas brasileiras: conheça todas as altcoins feitas no Brasil. Live Coins, 2019a. Disponível em: https://livecoins.com.br/criptomoedas-brasileiras/. Acesso em: 10 jul. 2020.FMI e Banco Mundial criam criptomoeda própria, 2019b. Disponível em: https://livecoins.com.br/fmi-e-banco-mundial-criam-criptomoeda-propria/Mateus Nunes. Acesso em: 05 ago. 2020.

OCDE. Consumption Tax Trends: VAT/GST and Excise Rates, Trends and Administration Issues. OECD iLibrary, 2012. Disponível em: https://www.oecd-ilibrary.org/taxation/consumption-tax-trends-2012_ctt-2012-en. Acesso em: 14 set. 2020.

OLIVEIRA, Victor Augusto de Almeida. Moeda Eletrônica do Banco Central: uma introdução. 2019. 52 f. Dissertação (Mestrado em Ciências) – Faculdade de Economia, Administração e Contabilidade de Ribeirão Preto, Universidade de São Paulo, Ribeirão Preto, 2019.

OSÓRIO JR., Edilson; HAMIDEH, Jamile. Blockchain: TJSP reconhece validade de prova coletada sobre conteúdo online. JOTA, 2019. Disponível em: https://www.jota.info/paywall?redirect_to=//www.jota.info/opiniao-e-analise/artigos/blockchain-tjsp-reconhece-validade-de-prova-coletada-sobre-conteudo-online- 11082019. Acesso em: 30 jul. 2020. Blockchain e Aplicações Descentralizadas. In: Workshop Ethereum

Básico para Desenvolvedores, fev. 2017. Blockchain Academy.

OVERTURE, Benjamin. 7 Criptomoedas que Vieram Antes do *Bitcoin*. Portal do *Bitcoin*, 2017. Disponível em:https://portaldo*bitcoin*.com/7-criptomoedas-que-vieram-antes-do-

bitcoin/. Acesso em: 15 abr. 2020.

PIRES, Timóteo Pimenta. Estudo da Tecnologia Blockchain e suas Aplicações para Provimento de Transparência em Transações Eletrônicas. 2016, 57 f. Trabalho de Conclusão de Curso (Bacharelado em Engenharia Elétrica) - Universidade de Brasília, Brasília, 2016.

Disponível em: https://bdm.unb.br/bitstream/10483/16252/1/2016_TimoteoPimentaPires_tcc.pdf. Acesso em: 15 ago. 2020.

RECEITA FEDERAL DO BRASIL. INSTRUÇÃO NORMATIVA RFB Nº 1888, DE 03 DE

MAIO DE 2019. Disponível em: http://normas.receita.fazenda.gov.br/sijut2consulta/link.action?visao=anotado&idAto=100592 . Acesso em: 10 ago. 2020. Competências da Receita Federal. Receita Federal, [20--?]. Disponível em: https://receita.economia.gov.br/sobre/institucional/competencias-1. Acesso em: 06 set. 2020.CONSULTA PÚBLICA RFB Nº 06/2018. Instrução Normativa que dispõe sobre prestação de informações relativas às operações realizadas com criptoativos. Brasília, 30 out. 2018. Disponível em: http://receita.economia.gov.br/sobre/consultas-publicas-e-   editoriais/consulta-publica/arquivos-e-imagens/consulta-publica-rfb-no-06-2018.pdf/view.Acesso em: 15 set. 2020. Imposto sobre a Renda: Perguntas e Respostas. Brasília: Ministério da Fazenda, 2017. Disponível em: https://receita.economia.gov.br/interface/cidadao/irpf/2017/perguntao/pir-pf-2017-perguntas- e-respostas-versao-1-1-03032017.pdf. Acesso em: 22 set. 2020

REIS, Tiago. Como o Acordo de Bretton Woods organizou a economia mundial no pós- guerra. SunoResearch, 2018. Disponível em:

https://www.sunoresearch.com.br/artigos/bretton-woods/. Acesso em: 25 abr. 2020.

RIBEIRO, R. M. L. *Bitcoin* no Sistema Financeiro Nacional. Revista de Tecnologia e Sociedade. Curitiba, v. 14, n. 33, p. 190-205, jul./set. 2018. Disponível em:

https://periodicos.utfpr.edu.br/rts/article/view/7432. Acesso em: 15 jan. 2020.

ROCHA, Luciano. Banco Central do Brasil fala sobre desenvolvimento do Real Digital, 2020. Disponível em: https://www.criptofacil.com/banco-central-brasil-fala-sobre-desenvolvimento- real-digital/. Acesso em: 05 ago. 2020.

ROTHBARD, Murray N. Oque o governo fez com nosso dinheiro? Tradução de Leandro Augusto Gomes Roque. 1. ed. São Paulo: Instituto Ludwig Von Mises Brasil, 2014

SÁ, Victor. Japão Testará Licitações Governamentais na Blockchain. Portal do *Bitcoin*, 2017. Disponível em: https://portaldo*bitcoin*.uol.com.br/japao-testara-licitacoes- governamentais-na-blockchain/. Acesso em: 30 jul. 2020.

SAUNDERS, Laura. The IRS Sets a Trap for Cryptocurrency Tax Cheats. The Wall Street Journal, 2020. Disponível em:

https://www.wsj.com/articles/the-irs-sets-a-trap-for-cryptocurrency-tax-cheats-11601026202. Acesso em: 20 set. 2020.

SEN, Amartya. Desenvolvimento como liberdade. São Paulo: Editora Shwarcz, 2009. SILVA, Victor Hugo. França quer banir Libra, criptomoeda do Facebook, na União Europeia.

Tecnoblog, 2019. Disponível em: https://tecnoblog.net/306867/franca-banir-libra- criptomoeda-facebook-uniao-europeia/. Acesso em: 15 ago. 2020.

STELLA, Julio Cesar. Moedas virtuais no Brasil: como enquadrar as criptomoedas. Revista da Procuradoria-Geral do Banco Central, v. 11, n. 2, p. 149-162, 2017. Disponível em: https://revistapgbc. bcb.gov.br/index.php/revista/issue/view/26/A9%20V.11%20-%20N.2 Acesso em: 02 jan. 2021.

STELLITA, Heloisa. Criptomoedas e lavagem de dinheiro. Resenha. Revista Direito GV, v. 16, n. 1, São Paulo, p. 1-13, 2020. Disponível em: https://www.scielo.br/scielo.php?script=sci_arttext&pid=S1808-24322020000100500. Acesso em: 02 jan. 2021.

SUPERIOR TRIBUNAL DE JUSTIÇA. Recurso Extraordinário n.º 478.410/SC. Relator: Ministro Luis Fux. Brasília, 17.03.2010. DJe de 13.05.2010. Disponível em: http://redir.stf.jus.br/paginadorpub/paginador.jsp?docTP=AC&docID=611071. Acesso em: 22 set. 2020.

SZABO, Nick. Smart Contracts Glossary. Faculty of Humanities of University of Amsterdam, 1995. Disponível em: http://www.fon.hum.uva.nl/rob/Courses/InformationInSpeech/CDROM/Literature/LOTwinterschool2006/szabo.best.vwh.net/smart_contracts_glossary.html. Acesso em :07 jul. 2020.

TAPSCOTT, Don; TAPSCOTT, Alex. Blockchain revolution: how the technology behind *bitcoin* is changing money, business and the world. Nova Iorque: Penguin, 2016.

TAVARES, André Ramos. Direito Constitucional Econômico. 3. ed. São Paulo: Editora Método, 2011.

TELE.SÍNTESE. Kodak vai usar blockchain para garantir direitos autorais dos fotógrafos. 2018. Disponível em: http://www.telesintese.com.br/kodak-vai-usar-blockchain-para-garantir- direitos-autorais-dos-fotografos/. Acesso em: 30 jul. 2020.

THE LAW LIBRARY OF CONGRESS. Regulation of Cryptocurrency Around the World, 2018. E-book. Disponível em:

https://www.loc.gov/law/help/cryptocurrency/cryptocurrency-world-survey.pdf. Acesso em: 04 de ago. 2020.

TOLOTTI, Rodrigo. *Bitcoin* em p2P: como funciona e por que o Brasil é um dos países em que este tipo de negociação mais cresce. Infomoney, 2020. Disponível em: https://www.infomoney.com.br/mercados/*bitcoin*-em-p2p-como-funciona-e-por-que-o-brasil-   e-um-dos-paises-em-que-este-tipo-de-negociacao-mais-cresce/. Acesso em: 12 jul. 2020.

TRIBUNAL DE JUSTIÇA DE SÃO PAULO. AI: 22372537720188260000 SP 2237253-

77.2018.8.26.0000, Relator: Fernanda Gomes Camacho, Data de Julgamento: 19/12/2018, 5ª Câmara de Direito Privado, Data de Publicação: 19/12/2018. Disponível em:https://tj- sp.jusbrasil.com.br/jurisprudencia/661192846/agravo-de-instrumento-ai- 22372537720188260000-sp-2237253-7720188260000/inteiro-teor-661192900. Acesso em:

28 jul. 2020.

ULRICH, Fernando. *Bitcoin*: A moeda na era digital. São Paulo: Editora Instituto Ludwig Von Mises Brasil, 2014.

VIEIRA, João Pedro. A História do Dinheiro. Lisboa: Academia Das Ciências de Lisboa, 2017.

VON UNRUH, Cristoph-Nikolaus. Germany. In: BRITO, Jerry (Coord.). The Law of *Bitcoin*. Bloomington: IUniverse, 2015. E-book.

WEATHERFORD, Jack. A História do Dinheiro. 4. ed. São Paulo: Negócio Editora, 1999.

WOLFSON, Rachel. Regulador financeiro da França concede a primeira autorização para ICO no país. Cointelegraph Brasil, 2019. Disponível em: https://cointelegraph.com.br/news/frances-financial-regulator-grants-countrys-first-approval- for-an-initial-coin-offering. Acesso em: 23 jul. 2020.

WORLD BANK. 2018. Europe and Central Asia Economic Update, May

2018: Cryptocurrencies and Blockchain. Washington, DC: World Bank. Disponívelem: https://openknowledge.worldbank.org/handle/10986/29763. Acesso em: 05 ago. 2020.

YANNAS, Frank. Yes, These Chickens Are on the Blockchain: Can the technology improve food safety? [Entrevista concedida a] Luzi-Ann Javier. Bloomberg Businessweek, abr. 2018. Disponível em: https://www.bloomberg.com/news/features/2018-04-09/yes-these-chickens- are-on-the-blockchain. Acesso em: 26 jul. 2020.

YOUNG, Joseph. A Suécia começou oficialmente a usar o Blockchain para registrar terrenos e propriedades. Cointelegraph, 2017. Disponível em: https://cointelegraph.com.br/news/sweden-officially-started-using-blockchain-to-register- land-and-properties. Acesso em: 25 jul. 2020.

ZETZSCHE, Dirk A.; BUCKLEY, Ross P.; ARNER, Douglas W. The distributed liability of distributed ledgers: legal risk of Blockchain. University of New South Wales Law Research Series, v. 17, n. 52, p. 1-49, ago. 2017. Disponível em: The ICO Gold Rush: It's a Scam, It's a Bubble, It's a Super Challenge for Regulators by Dirk A. Zetzsche, Ross P. Buckley, Douglas

W. Arner, Linus Föhr :: SSRN. Acesso em: 15 jun. 2020.

ZMUDZINSKI, Adrian. China possui mais de 700 empresas de blockchain, segundo estudo do setor, Coin Telegraph, 2019. Disponível em: https://cointelegraph.com.br/news/china- has-700-blockchain-companies-according-to-industry-study. Acesso em: 29 jul. 2020.

GLOSSÁRIO

ÁGIO E DESÁGIO: Diferença na cotação da moeda de um país e de outro. Exemplo: dólar a R$ 3,00 e *bitcoin* a X USD, o preço no Brasil deveria ser em torno de 3X BRL, mas está a 3,1X BRL, portanto, existe um ágio positivo. Caso o preço no Brasil fosse 2,9X BRL o ágio seria negativo (ou deságio).

ARBITRAGEM: Compra de criptomoeda em local com menor valor e venda em local mais alto.

ALTCOIN: Outra criptomoeda que não seja o *bitcoin* ou token.

BITCOIN: iniciado com letra maiúscula (*Bitcoin*), representa o protocolo criado por Satoshi Nakamoto. Iniciado com letra minúscula (*bitcoin*), representa a unidade monetária do protocolo *Bitcoin*.

BTC: Abreviação da unidade monetária do *bitcoin*.

BLOCKCHAIN: Tecnologia fundamental por trás das criptomoedas, trata-se da cadeia de blocos criptografados, armazenados e compartilhados por meio de servidores em todo o mundo.

CRIPTOMOEDAS: Moedas construídas sobre a tecnologia Blockchain.

CONTRATOS INTELIGENTES OU SMART CONTRACT: Nome dado ao código que é colocado em um Blockchain e, em seguida, executado.

DESCENTRALIZAÇÃO: Sistema de armazenamento, processamento e verificação de dados por uma rede global de computadores, não há utilização de servidores locais.

DÓLAR *BITCOIN*: Caracterizado pelo preço de troca de Real por *bitcoin* e em seguida,*bitcoin* por Dólar e vice-versa.

EXCHANGE: Empresas que prestam serviços de troca, venda ou aquisição de criptomoedas entre si ou por moedas fiduciárias.

HARD FORK: Divisões no protocolo responsáveis pela bifurcação na estrutura original, criando uma nova criptomoeda resgatável aos investidores.

HASH: Algoritmo matemático que transforma um grande número de informações em uma sequência numérica hexadecimal de comprimento fixo garantindo a integridade das mensagens.

HALVING: A produção do *bitcoin* que é lançada na rede é cortada pela metade, acontece de quatro em quatro anos.

ICO: Initial Coin Offering, em português, oferta inicial da moeda, trata-se de pré-venda de alguma altcoin/token.

KYC: Sigla de know your customer, em português, conheça seu cliente, são políticas que instituições governamentais impõem a empresas para assegurar que conhecem com quem estão fazendo negócios, ou seja, possuem dados e documentos de seus clientes.

LEDGER: Local onde ficam registradas as transações feitas por criptomoedas que passam pelo

Blockchain.

LIQUIDEZ: Capacidade de comprar ou vender um ativo facilmente, mesmo em grandes quantidades.

MINERAÇÃO: Consiste na resolução de problemas matemáticos por meio de sistemas computacionais com a finalidade de minerar um bloco de dados e receber uma quantidade pré- especificada de criptomoedas.

MOEDA FIAT: Moeda legal de qualquer país impressa, emitida e controlada pelo governo.

NÓ: Atua como verificador de transações e armazena uma cópia do Blockchain.

PROOF OF WORK: Em português "prova de Trabalho" é o nome de um sistema no qual blocos de dados de transações na Blockchain são minerados e validados por computadores especializados que são recompensados pela solução de equações matemáticas específicas.

PEER-TO-PEER (P2): Em português "ponto a ponto", é uma rede de computadores que compartilham arquivos pela internet entre pares. Significa que é possível vender/comprar *bitcoin* diretamente de outro usuário, de acordo unicamente com o preço que ele definir, sem intermediários.

STABLECOIN: Criptomoedas ou tokens digitais com valor estável.

SATOSHI: Menor divisão de um *bitcoin* (0.00000001 btc).

SATOSHI NAKAMOTO: Pseudônimo usado pelo criador do *Bitcoin*.

TOKEN: Representa símbolo de um contrato, normalmente é criado para ser distribuído a pessoas com promessas de valer algo no futuro, se equipara a ação de uma empresa.

WALLET: Em português "carteira", local físico onde é possível guardar criptomoedas.

XBT: Representa a unidade monetária do *bitcoin*.

ANEXOS

Anexo a - Relatório nº 2: por período mensal e por tipo de pessoa do contribuinte: física (CPF) ou jurídica (CNPJ) da Receita Federal do Brasil

Quantidade de CPF/CNPJ únicos		
MÊS/ANO	**CPF**	**CNPJ**
08/2019	186.002	2.250
09/2019	158.563	2.358
10/2019	127.370	2.374
11/2019	109.951	2.003
12/2019	94.221	3.071
01/2020	105.162	2.941
02/2020	105.353	2.240
03/2020	102.388	2.383
04/2020	108.314	1.508
05/2020	124.650	1.882
06/2020	97.601	2.846
07/2020	114.150	3.913
08/2020	124.126	3.486
09/2020	102.774	3.556
10/2020	107.311	3.144

Anexo b - Relatório nº 3: por período mensal e por tipo de pessoa física: gênero. Apresenta a participação de cada gênero quando considerados o número de operações e o valor destas operações. Receita Federal do Brasil.

MÊS/ANO	% Nº Operações		% Valor Operações	
	Feminino	Masculino	Feminino	Masculino
08/2019	12,30	87,70	17,67	82,33
09/2019	11,30	88,70	10,46	89,54
10/2019	11,63	88,37	8,12	91,88
11/2019	10,91	89,09	13,64	86,36
12/2019	11,72	88,28	11,65	88,35
01/2020	11,32	88,68	7,14	92,86
02/2020	10,91	89,09	10,68	89,32
03/2020	11,52	88,48	11,93	88,07
04/2020	11,64	88,36	0,13	99,87
05/2020	11,65	88,35	13,41	86,59
06/2020	9,94	90,06	30,87	69,13
07/2020	10,70	89,30	38,61	61,39
08/2020	12,89	87,11	12,68	87,32
09/2020	10,56	89,44	15,89	84,11

Anexo c - Relatório nº 4: por período mensal e por espécie de criptoativo, sendo uma consolidação dos dados originários dos três tipos de declaração. Receita Federal do Brasil

CRIPTOATIVO	MÊS/ANO	Nº DE OPERAÇÕES	VALOR TOTAL DAS OPERÇÕES	VALOR MÉDIO POR OPERAÇÃO
ADA	08/2019	1088	267.718,76	246,07
ADA	09/2019	1001	351.555,31	351,20
ADA	10/2019	1231	449.362,85	365,04
ADA	11/2019	1578	541.830,07	343,37
ADA	12/2019	684	151.181,10	221,03
ADA	01/2020	2449	675.879,02	275,98
ADA	02/2020	2104	850.008,54	404,00
ADA	03/2020	1376	669.755,54	486,74
ADA	04/2020	1961	1.195.489,67	609,63
ADA	05/2020	4502	3.391.022,55	753,23
ADA	06/2020	6101	6.377.839,94	1.045,38
ADA	07/2020	10760	9.784.065,74	909,30
ADA	08/2020	8290	7.017.184,92	846,46
ADA	09/2020	3745	3.107.262,91	829,71
ADA	10/2020	3066	1.949.174,84	635,74
BCH	08/2019	57610	27.731.957,14	481,37
BCH	09/2019	45577	17.916.807,19	393,11
BCH	10/2019	43785	21.539.850,99	491,95
BCH	11/2019	40279	19.261.112,62	478,19
BCH	12/2019	21021	7.395.494,30	351,81
BCH	01/2020	81252	57.399.916,17	706,44
BCH	02/2020	75932	64.966.752,70	855,59
BCH	03/2020	63703	55.931.710,44	878,01
BCH	04/2020	48649	43.473.179,84	893,61
BCH	05/2020	42234	37.542.507,20	888,92
BCH	06/2020	19052	12.904.125,98	677,31
BCH	07/2020	29284	32.856.428,65	1.121,99
BCH	08/2020	44894	37.626.616,47	838,12
BCH	09/2020	27981	15.818.029,38	565,31
BCH	10/2020	23926	15.957.625,54	666,96
BNB	09/2019	2	2.581,34	1.290,67
BNB	10/2019	3	763,49	254,50
BNB	11/2019	16	59.706,34	3.731,65
BNB	12/2019	188	1.648,06	8,77
BNB	01/2020	1976	326.976,84	165,47
BNB	02/2020	3990	1.497.228,01	375,25
BNB	03/2020	1137	622.769,63	547,73
BNB	04/2020	1210	871.098,17	719,92
BNB	05/2020	1467	829.162,11	565,21
BNB	06/2020	700	323.773,40	462,53
BNB	07/2020	1775	688.184,58	387,71
BNB	08/2020	2432	1.410.737,70	580,07
BNB	09/2020	2645	2.233.834,83	844,55
BNB	10/2020	4675	1.271.851,48	272,05
BRLT	08/2020	1	3.000.000,00	3.000.000,00
BRZ	08/2019	58	3.835.538,43	66.129,97
BRZ	09/2019	50	1.854.402,22	37.088,04
BRZ	10/2019	181	41.550.173,52	229.558,97
BRZ	11/2019	149	52.138.654,96	349.923,86
BRZ	12/2019	230	120.533.411,56	524.058,31
BRZ	01/2020	258	112.661.452,48	436.672,30
BRZ	02/2020	156	54.899.904,94	351.922,47
BRZ	03/2020	148	34.941.946,44	236.094,23
BRZ	04/2020	51	2.704.506,98	53.029,55
BRZ	05/2020	1387	11.251.028,30	8.111,77
BRZ	06/2020	1382	34.926.638,13	25.272,53

BRZ	07/2020	1277	75.136.076,69	58.837,96
BRZ	08/2020	10194	115.166.718,02	11.297,50
BRZ	09/2020	8393	157.407.914,71	18.754,67
BRZ	10/2020	7772	327.521.563,09	42.141,22
BRZX	11/2019	185	12.625,78	68,25
BRZX	12/2019	399	32.215,90	80,74
BRZX	01/2020	388	73.346,63	189,04
BRZX	02/2020	435	32.089,96	73,77
BRZX	03/2020	696	23.220,48	33,36
BRZX	04/2020	758	33.321,71	43,96
BRZX	05/2020	1132	66.185,10	58,47
BRZX	06/2020	5622	500.803,18	89,08
BRZX	07/2020	4328	549.113,69	126,87
BRZX	08/2020	4717	944.550,69	200,24
BRZX	09/2020	1309	138.299,53	105,65
BRZX	10/2020	2745	860.302,37	313,41
BSV	08/2019	72	60.528,53	840,67
BSV	09/2019	70	33.557,93	479,40
BSV	10/2019	1	39,26	39,26
BSV	11/2019	2	260,19	130,09
BSV	12/2019	1	26,14	26,14
BSV	01/2020	4	1.512,31	378,08
BSV	02/2020	3	2.963,66	987,89
BSV	03/2020	4091	3.243.390,03	792,81
BSV	04/2020	3205	2.610.704,39	814,57
BSV	05/2020	3226	3.061.045,66	948,87
BSV	06/2020	1397	1.021.219,82	731,01
BSV	07/2020	2112	1.560.785,10	739,01
BSV	08/2020	2470	1.781.550,69	721,28
BSV	09/2020	1493	1.261.194,60	844,74
BSV	10/2020	779	435.097,52	558,53
BTC	08/2019	1040753	3.792.630.717,01	3.644,12
BTC	09/2019	678880	4.058.951.853,08	5.978,89
BTC	10/2019	635512	5.435.874.862,65	8.553,54
BTC	11/2019	454371	4.160.852.250,08	9.157,39
BTC	12/2019	351553	5.492.631.561,44	15.623,91
BTC	01/2020	551329	5.032.673.013,72	9.128,26
BTC	02/2020	475342	2.760.909.019,98	5.808,26
BTC	03/2020	709765	3.327.707.612,50	4.688,46
BTC	04/2020	682507	1.903.358.795,66	2.788,78
BTC	05/2020	956087	2.915.408.851,74	3.049,31
BTC	06/2020	531301	2.687.458.820,79	5.058,26
BTC	07/2020	547960	3.303.327.406,61	6.028,41
BTC	08/2020	594682	3.327.105.667,83	5.594,76
BTC	09/2020	479267	2.943.131.280,13	6.140,90
BTC	10/2020	478635	2.161.742.713,85	4.516,47
BTG	08/2019	8202	19.355,58	2,36
BTG	09/2019	5791	9.786,23	1,69
BTG	10/2019	3	5,65	1,88
BTG	11/2019	6	11,01	1,83
BTG	05/2020	2	802,89	401,44
BTT	08/2019	479	84.097,38	175,57
BTT	09/2019	653	165.321,20	253,17
BTT	10/2019	825	123.075,58	149,18
BTT	11/2019	854	132.092,92	154,68
BTT	12/2019	673	119.355,55	177,35
BTT	01/2020	1381	743.607,14	538,46
BTT	02/2020	1533	749.913,34	489,18
BTT	03/2020	940	358.769,06	381,67
BTT	04/2020	1349	522.753,28	387,51
BTT	05/2020	2505	1.011.558,78	403,82
BTT	06/2020	1695	437.220,04	257,95

BTT	07/2020	3419	1.382.339,87	404,31
BTT	08/2020	4787	2.109.308,71	440,63
BTT	09/2020	2530	1.055.438,52	417,17
BTT	10/2020	2280	961.994,65	421,93
CBRL	12/2019	13	1.305,02	100,39
CBRL	01/2020	10	1.009,00	100,90
CBRL	02/2020	40	30.851,72	771,29
CBRL	03/2020	31	62.253,48	2.008,18
CBRL	04/2020	308	426.697,98	1.385,38
CBRL	05/2020	3790	2.401.301,54	633,59
CBRL	06/2020	3120	1.661.754,51	532,61
CBRL	07/2020	6879	4.997.182,07	726,44
CBRL	08/2020	14020	76.473.423,50	5.454,60
CBRL	09/2020	6389	112.642.064,35	17.630,63
CBRL	10/2020	8135	6.094.138,10	749,13
CHZ	06/2020	1	5.066,35	5.066,35
CHZ	07/2020	22123	9.472.376,10	428,17
CHZ	08/2020	39503	20.672.908,65	523,33
CHZ	09/2020	18867	7.031.183,55	372,67
CHZ	10/2020	11173	3.286.101,04	294,11
DAI	08/2019	21	15.656,69	745,56
DAI	09/2019	12	183.330,23	15.277,52
DAI	10/2019	2	913,44	456,72
DAI	11/2019	2	100,00	50,00
DAI	12/2019	5	40.289,95	8.057,99
DAI	01/2020	5	1.045,57	209,11
DAI	02/2020	9	433.167,48	48.129,72
DAI	03/2020	32	4.460,71	139,40
DAI	04/2020	29	46.292,30	1.596,29
DAI	05/2020	153	62.021,20	405,37
DAI	06/2020	188	22.507,73	119,72

DAI	07/2020	3843	1.357.366,88	353,21
DAI	08/2020	4079	1.699.347,41	416,61
DAI	09/2020	1728	1.194.436,62	691,22
DAI	10/2020	1737	1.282.735,94	738,48
DASH	08/2019	12453	817.889,70	65,68
DASH	09/2019	10240	1.397.422,59	136,47
DASH	10/2019	3854	914.382,35	237,26
DASH	11/2019	2788	576.228,57	206,68
DASH	12/2019	2049	402.582,28	196,48
DASH	01/2020	19068	8.433.086,73	442,26
DASH	02/2020	12046	5.759.506,75	478,13
DASH	03/2020	7431	2.754.837,17	370,72
DASH	04/2020	5837	2.161.442,91	370,30
DASH	05/2020	3614	1.360.225,26	376,38
DASH	06/2020	1706	442.227,72	259,22
DASH	07/2020	1741	549.648,41	315,71
DASH	08/2020	3306	1.447.442,35	437,82
DASH	09/2020	1604	628.193,92	391,64
DASH	10/2020	1550	541.609,39	349,43
DCR	08/2019	8056	106.577,10	13,23
DCR	09/2019	6264	40.521,70	6,47
DCR	10/2019	227	34.571,89	152,30
DCR	11/2019	303	40.878,88	134,91
DCR	12/2019	56	5.342,79	95,41
DCR	01/2020	123	9.444,02	76,78
DCR	02/2020	143	23.691,93	165,68
DCR	03/2020	108	25.801,54	238,90
DCR	04/2020	145	25.693,25	177,19
DCR	05/2020	133	31.052,31	233,48
DCR	06/2020	1639	1.156.235,72	705,45
DCR	07/2020	2045	1.274.140,80	623,05

DCR	08/2020	2865	1.850.794,42	646,00
DCR	09/2020	1097	729.060,90	664,60
DCR	10/2020	1914	1.959.870,48	1.023,97
DGB	04/2020	2	34.677,90	17.338,95
DGB	05/2020	1	9,47	9,47
DGB	06/2020	1	50.634,09	50.634,09
DGB	07/2020	1	20.000,00	20.000,00
DGB	08/2020	3564	1.721.391,05	482,99
DGB	09/2020	6926	3.716.955,80	536,67
DGB	10/2020	4544	1.997.597,89	439,61
DOGE	08/2019	1243	207.367,01	166,83
DOGE	09/2019	1085	163.365,45	150,57
DOGE	10/2019	1729	223.067,27	129,02
DOGE	11/2019	1548	181.428,57	117,20
DOGE	12/2019	1007	90.577,68	89,95
DOGE	01/2020	3772	493.402,54	130,81
DOGE	02/2020	3719	704.671,93	189,48
DOGE	03/2020	1841	244.919,34	133,04
DOGE	04/2020	3128	524.577,24	167,70
DOGE	05/2020	4126	781.584,12	189,43
DOGE	06/2020	2951	486.574,76	164,88
DOGE	07/2020	15905	5.369.513,67	337,60
DOGE	08/2020	6647	1.462.164,13	219,97
DOGE	09/2020	3428	606.710,48	176,99
DOGE	10/2020	3185	504.162,31	158,29
EOS	08/2019	730	152.544,94	208,97
EOS	09/2019	659	476.241,41	722,67
EOS	10/2019	928	588.446,13	634,10
EOS	11/2019	932	555.041,40	595,54
EOS	12/2019	326	257.843,93	790,93
EOS	01/2020	1601	997.960,91	623,34
EOS	02/2020	1583	1.071.402,91	676,82
EOS	03/2020	995	684.068,95	687,51
EOS	04/2020	1626	785.018,58	482,79
EOS	05/2020	5749	3.060.628,39	532,38
EOS	06/2020	3577	1.990.822,47	556,56
EOS	07/2020	4910	2.760.866,05	562,29
EOS	08/2020	9433	6.004.273,29	636,52
EOS	09/2020	5044	3.035.680,12	601,84
EOS	10/2020	4128	2.592.055,26	627,92
ETC	08/2019	11	120,55	10,96
ETC	09/2019	3	47,16	15,72
ETC	11/2019	8	135,51	16,94
ETC	12/2019	2	12,90	6,45
ETC	01/2020	6	78.599,23	13.099,87
ETC	02/2020	1110	903.952,23	814,37
ETC	03/2020	1968	1.615.611,34	820,94
ETC	04/2020	816	448.907,31	550,13
ETC	05/2020	2429	1.785.267,40	734,98
ETC	06/2020	751	529.575,46	705,16
ETC	07/2020	859	480.178,19	559,00
ETC	08/2020	1350	742.834,06	550,25
ETC	09/2020	580	352.225,81	607,29
ETC	10/2020	563	228.606,16	406,05
ETH	08/2019	67723	29.779.525,02	439,73
ETH	09/2019	65461	29.415.016,66	449,35
ETH	10/2019	49670	24.391.837,45	491,08
ETH	11/2019	38060	19.157.918,91	503,36
ETH	12/2019	29283	12.689.175,09	433,33
ETH	01/2020	50931	25.693.086,46	504,47
ETH	02/2020	95260	84.123.727,53	883,10
ETH	03/2020	93299	64.189.054,10	687,99

ETH	04/2020	134260	161.735.379,15	1.204,64
ETH	05/2020	163874	104.493.615,80	637,65
ETH	06/2020	68745	48.563.772,05	706,43
ETH	07/2020	94675	81.625.874,31	862,17
ETH	08/2020	147744	219.086.291,65	1.482,88
ETH	09/2020	181761	175.869.338,06	967,59
ETH	10/2020	78997	100.295.159,10	1.269,61
IMOB01	10/2020	49	500.800,00	10.220,41
IOTA	08/2019	758	190.441,32	251,24
IOTA	09/2019	475	243.451,23	512,53
IOTA	10/2019	835	318.641,50	381,61
IOTA	11/2019	579	224.197,14	387,21
IOTA	12/2019	623	236.401,75	379,46
IOTA	01/2020	1465	688.563,33	470,01
IOTA	02/2020	2932	1.442.372,04	491,94
IOTA	03/2020	1201	418.552,16	348,50
IOTA	04/2020	1757	647.546,02	368,55
IOTA	05/2020	3323	1.215.976,85	365,93
IOTA	06/2020	2609	649.604,54	248,99
IOTA	07/2020	3637	1.075.176,96	295,62
IOTA	08/2020	6866	3.413.244,47	497,12
IOTA	09/2020	2246	1.106.136,88	492,49
IOTA	10/2020	1412	732.461,50	518,74
LINK	08/2019	10	260.404,55	26.040,45
LINK	09/2019	24	469.183,04	19.549,29
LINK	10/2019	79	595.142,54	7.533,45
LINK	11/2019	315	56.010,07	177,81
LINK	12/2019	733	109.683,04	149,64
LINK	01/2020	1806	608.530,13	336,95
LINK	02/2020	2971	1.802.733,92	606,78
LINK	03/2020	6075	3.331.676,22	548,42

MKR	09/2019	30	16.207,80	540,26
MKR	07/2020	1	5.992,58	5.992,58
NULS	08/2019	1	4.975,11	4.975,11
NULS	12/2019	1995	406.350,73	203,68
NULS	01/2020	1791	435.356,75	243,08
NULS	02/2020	1981	813.343,88	410,57
NULS	03/2020	2671	955.260,37	357,64
NULS	04/2020	4368	1.663.305,24	380,79
NULS	05/2020	6029	2.307.107,77	382,67
NULS	06/2020	9589	5.217.800,75	544,14
NULS	07/2020	10527	7.084.614,15	672,99
NULS	08/2020	5683	3.092.648,03	544,19
NULS	09/2020	3889	1.708.145,42	439,22
NULS	10/2020	3589	1.361.886,73	379,46
OMG	08/2019	447	42.499,60	95,08
OMG	09/2019	367	32.391,36	88,26
OMG	10/2019	340	30.100,97	88,53
OMG	11/2019	138	44.573,12	322,99
OMG	12/2019	52	43.101,48	828,87
OMG	01/2020	185	103.193,09	557,80
OMG	02/2020	269	151.346,27	562,63
OMG	03/2020	166	124.295,91	748,77
OMG	04/2020	1847	924.422,07	500,50
OMG	05/2020	14132	20.938.854,72	1.481,66
OMG	06/2020	3820	4.171.241,87	1.091,95
OMG	07/2020	2131	2.032.502,68	953,78
OMG	08/2020	17197	28.382.995,11	1.650,46
OMG	09/2020	7768	10.737.149,43	1.382,23
OMG	10/2020	4674	6.214.198,49	1.329,52
PAX	04/2020	1	38.667,16	38.667,16
PAX	05/2020	1	26.697,50	26.697,50
PAX	06/2020	11	5.352.681,38	486.607,40
PAX	07/2020	2	40.207,35	20.103,67
PAX	08/2020	4	50.900,04	12.725,01
PAX	09/2020	3	84.122,85	28.040,95
PAX	10/2020	2	33.980,00	16.990,00
PAXG	11/2019	12	66.000,00	5.500,00
PAXG	12/2019	2	51.000,00	25.500,00
PAXG	01/2020	7	105.500,00	15.071,43
PAXG	02/2020	9	44.900,50	4.988,94
PAXG	03/2020	22	26.484,60	1.203,85
PAXG	04/2020	17	66.747,28	3.926,31
PAXG	05/2020	68	36.771,65	540,76
PAXG	06/2020	198	90.917,36	459,18
PAXG	07/2020	106	4.922,39	46,44
PAXG	08/2020	13104	7.736.415,33	590,39
PAXG	09/2020	4608	1.980.805,33	429,86
PAXG	10/2020	3800	1.615.695,11	425,18
TUSD	08/2019	3302	1.003.540,86	303,92
TUSD	09/2019	1886	956.419,12	507,12
TUSD	10/2019	1791	764.002,54	426,58
TUSD	11/2019	1012	517.848,35	511,71
TUSD	12/2019	956	372.852,80	390,01
TUSD	01/2020	1316	580.027,06	440,75
TUSD	02/2020	1873	1.300.052,91	694,10
TUSD	03/2020	2583	2.859.037,09	1.106,87
TUSD	04/2020	2405	1.362.755,38	566,63
TUSD	05/2020	4028	3.241.146,61	804,65
TUSD	06/2020	4223	2.090.453,95	495,02
TUSD	07/2020	3501	1.345.564,85	384,34
TUSD	08/2020	4289	1.798.824,22	419,40
TUSD	09/2020	3076	1.401.685,47	455,68

TUSD	10/2020	1998	663.671,23	332,17
USDC	08/2019	2	7.760,00	3.880,00
USDC	11/2019	3	760.520,00	253.506,67
USDC	12/2019	2	86.348,00	43.174,00
USDC	01/2020	3	1.542,11	514,04
USDC	02/2020	9	3.217,77	357,53
USDC	03/2020	34	31.473,33	925,69
USDC	04/2020	765	244.558,91	319,68
USDC	05/2020	6632	3.560.540,45	536,87
USDC	06/2020	19766	9.901.481,25	500,94
USDC	07/2020	22097	8.748.662,71	395,92
USDC	08/2020	19654	174.673.466,53	8.887,43
USDC	09/2020	14750	194.065.035,34	13.156,95
USDC	10/2020	9196	406.212.341,23	44.172,72
USDT	08/2019	2277	25.393.181,54	11.152,03
USDT	09/2019	4319	50.624.461,13	11.721,34
USDT	10/2019	13568	110.568.615,76	8.149,22
USDT	11/2019	4877	132.570.207,59	27.182,74
USDT	12/2019	1757	415.471.913,49	236.466,66
USDT	01/2020	3724	555.074.912,61	149.053,41
USDT	02/2020	6119	646.612.042,75	105.672,83
USDT	03/2020	7567	665.690.774,61	87.972,88
USDT	04/2020	8823	90.229.752,84	10.226,65
USDT	05/2020	16585	262.699.948,63	15.839,61
USDT	06/2020	22458	1.447.567.399,39	64.456,65
USDT	07/2020	38673	3.133.806.664,86	81.033,45
USDT	08/2020	31228	2.052.413.209,09	65.723,49
USDT	09/2020	37995	2.600.644.369,58	68.447,02
USDT	10/2020	34564	2.759.948.961,26	79.850,39
WAVES	08/2019	1	1.500,00	1.500,00
WAVES	09/2019	3	372,79	124,26
WAVES	10/2019	2	101,94	50,97
WAVES	11/2019	1	26,96	26,96
WAVES	12/2019	2	99,23	49,61
WAVES	01/2020	8	1.500,00	187,50
WAVES	02/2020	14	7.468,17	533,44
WAVES	03/2020	4	2.837,68	709,42
WAVES	04/2020	5	3.337,33	667,47
WAVES	05/2020	13	6.050,79	465,45
WAVES	06/2020	20	16.003,20	800,16
WAVES	07/2020	2899	1.805.738,19	622,88
WAVES	08/2020	14055	12.696.585,06	903,35
WAVES	09/2020	3725	2.790.397,14	749,10
WAVES	10/2020	3134	2.301.930,38	734,50
WBX	07/2020	58074	38.714.240,43	666,64
WBX	08/2020	40324	21.456.253,53	532,10
WBX	09/2020	29430	13.037.857,34	443,01
WBX	10/2020	17831	6.513.639,74	365,30
XLM	08/2019	649	111.184,27	171,32
XLM	09/2019	1207	679.971,53	563,36
XLM	10/2019	989	272.766,26	275,80
XLM	11/2019	1906	1.108.600,56	581,64
XLM	12/2019	926	360.297,21	389,09
XLM	01/2020	3444	1.189.932,20	345,51
XLM	02/2020	2350	883.344,58	375,89
XLM	03/2020	1559	369.484,45	237,00
XLM	04/2020	3846	1.243.638,45	323,36
XLM	05/2020	3601	1.071.445,35	297,54
XLM	06/2020	4961	1.827.811,32	368,44
XLM	07/2020	4808	2.512.497,92	522,57
XLM	08/2020	4627	2.242.041,28	484,56
XLM	09/2020	1597	650.638,49	407,41

XTZ	11/2019	44	611.648,82	13.901,11
XTZ	12/2019	27	65.189,72	2.414,43
XTZ	01/2020	17	108.113,29	6.359,61
XTZ	02/2020	25	185.992,51	7.439,70
XTZ	03/2020	28	153.754,45	5.491,23
XTZ	04/2020	1696	1.756.519,36	1.035,68
XTZ	05/2020	4390	3.114.118,48	709,37
XTZ	06/2020	1913	1.186.386,26	620,17
XTZ	07/2020	3445	2.808.782,82	815,32
XTZ	08/2020	5792	5.131.219,29	885,91
XTZ	09/2020	1980	1.182.234,69	597,09
XTZ	10/2020	1677	913.679,42	544,83
ZEC	08/2019	9523	869.836,93	91,34
ZEC	09/2019	3949	414.719,88	105,02
ZEC	10/2019	3676	341.409,96	92,88
ZEC	11/2019	2432	262.651,72	108,00
ZEC	12/2019	2576	301.528,71	117,05
ZEC	01/2020	10360	1.482.651,31	143,11
ZEC	02/2020	9191	1.763.433,22	191,87
ZEC	03/2020	12513	1.349.465,35	107,85
ZEC	04/2020	7025	966.715,40	137,61
ZEC	05/2020	253	41.796,04	165,20
ZEC	06/2020	159	8.979,21	56,47
ZEC	07/2020	258	47.668,70	184,76
ZEC	08/2020	577	146.229,77	253,43
ZEC	09/2020	205	18.397,67	89,74
ZEC	10/2020	185	121.528,20	656,91

Lightning Source UK Ltd.
Milton Keynes UK
UKHW022100130223
416945UK00008B/1056